权益保护手册系列

老年人

权益保护手册

刘凝 / 编著

中国法制出版社
CHINA LEGAL PUBLISHING HOUSE

CONTENTS

目录

第一章　居家保障

第三章　社会保障

第四章 反骗保障

第一章

居家保障

案例直击

1.“人财两空”的老年人同居！

李某早年丧偶，后经人介绍与郑某同居生活20年，现在两人都已经退休。李某不习惯退休后的生活，后来又被原用人单位返聘，而郑某则非常习惯退休后的生活，每天去小区附近的广场跳老年舞。这样的日子没过多久，郑某意外发现事业焕发“第二春”的李某在感情上竟然背叛了她，跟别的女人搞起了外遇，这让郑某既生气又难过，于是她给那个女人打了电话，质问对方为什么勾引李某。可令郑某没想到的是，对方的语气比她还理直气壮，并反问郑某：“你和李某领过结婚证吗？去过民政局吗？凭什么说我勾引李某！”对方“连珠炮”般的质问竟然让郑某一时语塞，这也恰恰戳中了郑某的软肋。虽然郑某和李某已同居20年，但他们的确并未领取结婚证，只是同居关系。

李某和郑某因第三者的介入，关系瞬间降到冰点，现在郑某提出要分割李某名下的一套房产（该房产系同居前取得），李某并不同意，说这是自己的财产。那么，郑某是否可以分割这套房产呢？

律师说法

根据我国法律规定，被宣告无效或被撤销的婚姻，当事人同居期间所得的财产，按共同共有处理，但有证据证明为当事人一方所有的除外。解除非法同居关系时，同居生活期间双方共同所得的收入和购置的财产，按一般共有财产处理。解除非法同居关系时，同居期间为共同生产、生活而形成的债权、债务，可按共同债权、债务处理。本案中，李某和郑某虽存在同居关系，但双方并没有办理登记，所以双方之间并不具有夫妻关系，任何一方都可以解除同居关系。现在郑某主张分割李某名下的一套房产，由于二人不具有夫妻关系，且无法证明该房产系同居期间所得，所以郑某无权分割该房产。

通过这个案例，老年朋友要明白一个道理，就是同居关系期间产生的财产不受夫妻共同财产制度的约束，一方想要分割对方“掌握”的财产，就得提出证据证明，否则这样的主张很难获得法律上的支持。此外，如果您与对方还保持着同居关系，建议一定要保管好同居期间产生财物的有效凭证，只有这样，才能最大限度地避免将来出现纠纷时“人财两空”的尴尬局面。

2. 老年人再婚被子女干涉，该怎么办？

年逾六十的王某曾经有过一段美满的婚姻，但丈夫因工伤早早去世，她自己一人苦苦支撑把孩子养大。现在儿子已经成家，并搬出去单过。王某深感生活和情感上的空虚和寂寞，为了晚年能有个依靠和情感寄托，通过友人的介绍，结识了同样单身的退休老人郭某。“夕阳无限好，只是近黄昏”，王某和郭某通过一段时间的接触和了解后，均认为对方是自己晚年生活的依靠，所以准备登记结婚。可王某的儿子听说母亲要再婚的消息后，平时不怎么登门的他竟然过来质问母亲为什么要给他找后爸。王某对儿子讲，自己只是想晚年找个伴，和自己说说话，共同走完余生，希望儿子能够理解，并支持自己再婚的想法。可令王某伤心的是，儿子非但听不进她的话，还表示强烈的反对。儿子认为女人就要从一而终，而母亲现在的行为就是朝三暮四，给自己丢人。面对儿子的反对，伤心至极的王某想知道该怎么解决这件事。

律师说法

根据法律规定，我国实行婚姻自由、一夫一妻、男女平等的婚姻制度，保护妇女、儿童和老人的合法权益。公民享有婚姻自主权，禁止买卖、包办婚姻和其他干涉婚姻自由的行为。子女应当尊重父母的婚姻权利，不得干涉父母再婚以及婚后的生活。《刑法》第二百五十七条规定：“以暴力干涉他人婚姻自由的，处二年以下有期徒刑或者拘役。犯前款罪，致使被害人死亡的，处二年以上七年以下有期徒刑。第一款罪，告诉的才处理。”特别需要指出的是，暴力干涉婚姻自由罪，指的是以暴力手段干涉他人行使婚姻自由权利的行为。这里所说的“暴力”，是指采用捆绑、吊打、禁闭、强抢、胁迫等手段，使被干涉人不能行使自己婚姻自由的权利。“暴力干涉”是构成本罪的主要特征，如果没有使用暴力，将不构成本罪；行为人虽然采取了暴力行为，但不足以干涉被害人行使婚姻自由权利的，也同样不构成本罪。另外，在司法实践中，我们还应当注意，如果行为人在暴力干涉婚姻自由过程中实施故意伤害或杀害行为，应当按故意伤害罪或者故意杀人罪进行定罪处罚。本案中，王某的儿子虽然有干涉母亲再婚的行为，但并未采取暴力手段，所以应当通过教育的办法解决，必要的时候，也可以通过训诫的方法解决。如果将来王某的儿子采取暴力手段干涉母亲婚姻自由，一旦情节严重，必将受到刑罚的严惩！

在我国，因受封建残余思想的影响，部分地区还时不时发生干涉婚姻自由的现象，主要包括包办、买卖婚姻，非法阻碍子女婚事，干涉寡妇再婚，子女干涉父母再婚，强制或者阻碍他人离婚等。严重的，还会采取捆绑、紧逼、殴打、恐吓等暴力手段干涉他人婚姻自由，社会危害性相当严重，这些行为都是对我国现有社会主义婚姻制度的破坏和践踏，违背婚姻自由的法定原则，一旦出现，必须严厉查处和纠正，将婚姻自由原则贯彻到底！

3. 老年夫妻应当患难与共，不能拒绝履行扶养义务！

郭某是某中学教师，而他的妻子陈某却只有小学文化，两人早年因“父母之命”而结婚。郭某认为自己是知识分子，和从小没受过什么教育的陈某待在一起，简直是委屈了自己，二人之间根本毫无共同语言，夫妻关系早已名存实亡。随着年龄的增长，郭某和陈某都已退休，陈某的身体健康每况愈下，并且患上了脑血栓瘫痪在床。早就看不上陈某的郭某，现在更是认为陈某就是个累赘，对陈某不闻不问，并且在陈某病重期间不提供医疗费用。陈某迫于生活和治病的压力，准备起诉郭某，要求其支付医疗费，并承担扶养义务。而郭某却以夫妻感情不和为由，拒绝支付任何费用。

律师说法

根据我国法律规定，夫妻之间有互相扶养的义务。一方不履行扶养义务时，需要扶养的一方有要求对方付给扶养费的权利。夫妻双方都应当主动自觉履行这一法定义务，一旦一方有年老病弱并丧失劳动能力和生活困苦的情况，有负担能力的一方应竭尽所能履行自己的扶养义务。本案中，虽然郭某和陈某感情不和多年，但二人还是合法的夫妻，双方仍负有法定的扶养义务。陈某要求郭某支付医疗费和扶养费属于合情合理，郭某理应承担。而郭某以夫妻感情不和为由拒绝承担对陈某的扶养义务，于理于法都不合，是严重错误的想法，应予纠正。

实践中扶养的方式主要包括：共同生活的扶养，即夫妻双方生活在一起，互相扶持和照顾；定期支付扶养金或者提供实物的扶养，扶养金包括能够维持日常基本生活的生活费、医疗费、护理费等费用。

4. 老年人遭遇婚姻危机怎么办？

杨某和赵某结识在40年前，二人的感情生活并没有因为退休而归于平淡。前不久，在外地儿子家照看孙子的杨某突然收到法院的传票，上面载明，她的丈夫赵某已经去法院起诉离婚，这让杨某有种跌落到冰窖的感觉。

回忆往昔，杨某和赵某的结合属于“父母之命，媒妁之言”，杨某属于那种“恪守妇道，相夫教子”的女性，一直未出去工作，所以在经济上完全依赖丈夫赵某。而赵某看到已经被岁月抹去风姿的杨某，便在外“拈花惹草”，尽管杨某对此知情，但没有独立经济能力的她只能选择忍气吞声，心想，等他老了，肯定会回到自己身边的。可随着时间的推移，赵某这颗“花心老萝卜”并未选择洗心革面回到杨某身边，依旧我行我素，绯闻不断。直到儿女都长大，渐渐对赵某诸多感情劣迹不满的杨某，才选择去儿子家照顾小孙子，本以为眼不见心不烦的杨某没想到赵某竟然如此绝情。

律师说法

根据我国法律规定，一方要求离婚的，可由有关部门进行调解或直接向人民法院提出离婚诉讼。人民法院审理离婚案件，应当进行调解；如感情确已破裂，调解无效，应准予离婚。有下列情形之一，调解无效的，应准予离婚：（1）重婚或有配偶者与他人同居的；（2）实施家庭暴力或虐待、遗弃家庭成员的；（3）有赌博、吸毒等恶习屡教不改的；（4）因感情不和分居满二年的；（5）其他导致夫妻感情破裂的情形。本案中，杨某和赵某能否离婚，应依照“夫妻感情是否破裂”的原则来判断，如果赵某不能举证存在“夫妻感情确已破裂”的情形，而杨某又坚持不离婚的话，法院就不会支持赵某的诉讼请求。

司法实践中，针对离婚案件，判断双方是否存在“夫妻感情确已破裂”的情形要遵循如下规则：

（1）婚姻基础。如果双方了解程度非常深，感情基础好，那么出现这样或者那样的矛盾就比较容易化解，反之，则难以化解。

（2）婚后感情基础。夫妻婚后是要生活在一起的，在这个过程中是否相互尊重和体贴，也能看出二人的感情基础是否牢固。

（3）婚姻现状。出现婚姻危机之时，要搞清楚婚姻关系的现状以及离婚的原因。在弄清是非、分清责任的基础上，根据法律规定正确判断夫妻感情破裂的程度。

（4）和好的可能。在综合上述各项因素之后，进行全面的分析，判断是否存在和好的可能。

那么，如何化解老年人婚姻危机？可以从以下几点出发。

（1）分开询问，倾听老年人的陈述，找到消除老年人婚姻危机的关键点。

（2）从维持家庭稳定的角度出发，劝解老年人，让老年人增强对家庭、配偶、子女的不离不弃之情。

（3）发挥子女的重要作用。子女如果发现老年人中一方确实存在过错，要直陈利害。老年人在出现婚姻危机之时，总是希望获得子女的帮助，此时子女的重要作用就体现出来了，所以子女要充分利用这个机会将老年人之间的婚姻矛盾化解，子女从中调和往往比外人进行调解的效果要好得多。

5. 老年人对财产有婚前约定的，离婚时应如何分割财产？

孙某65岁，丧偶多年，随着年龄的增长，生活备感孤独的他通过跳广场舞结识了离异多年的吴某。两人经过半年的接触，很快就确立了婚姻关系，但二人在婚前约定，孙某的20万元现金和一套房产属于个人所有。婚后一段时间，孙某发现自己找的不是老伴，而是“老板”，吴某天天管着他，约束他，把持着工资卡，他生病了也不给钱看病。孙某有种“哑巴吃黄连有苦说不出”的感觉，所以准备向当地的法院提起诉讼要求离婚。吴某认为可以离婚，但必须把20万元银行存款和房产分自己一半。那么，孙某的财产是否应该平均分割呢？

律师说法

根据我国法律规定，夫妻在婚姻关系存续期间所得的下列财产，归夫妻共同所有：（1）工资、奖金、劳务报酬；（2）生产、经营、投资的收益；（3）知识产权的收益；（4）继承或受赠的财产，但《民法典》第一千零六十三条第（三）项规定的除外；（5）其他应当归共同所有的财产。夫妻对共同所有的财产，有平等的处理权。有下列情形之一的，为夫妻一方的财产：（1）一方的婚前财产；（2）一方因受到人身损害获得的赔偿或者补偿；（3）遗嘱或赠与合同中确定只归夫或妻一方的财产；（4）一方专用的生活用品；（5）其他应当归一方的财产。夫妻可以约定婚姻关系存续期间所得的财产以及婚前财产归各自所有、共同所有或部分各自所有、部分共同所有。约定应当采用书面形式。没有约定或约定不明确的，适用《婚姻法》第一千零六十二条、第一千零六十三条的规定。夫妻对婚姻关系存续期间所得的财产以及婚前财产的约定，对双方具有约束力。据此可知，离婚的时候，并不是所有的财产都可以进行平均分割。本案中，由于孙某在婚前与吴某进行了财产约定，所以吴某无权分割孙某的20万元存款和房产。

6. 虐待公婆能否成为离婚的理由？

王某和叶某是一对“70后”夫妻，已经结婚20多年，双方的父母都年事已高，王某的父母因为疾病基本丧失了生活自理能力。王某为了照顾父母，只能将父母接到身边赡养。叶某对此十分反感，刚开始的时候对王某父母只是谩骂，后来演变成不给饭吃甚至殴打。虽然王某就此事对叶某进行过劝解，但叶某丝毫不知悔改，甚至变本加厉。为了不让父母再受委屈，王某只得去法院起诉离婚。

律师说法

根据我国法律规定，受对方的虐待、遗弃，或者受对方亲属虐待，或虐待对方亲属，经教育不改，另一方不谅解的，视为夫妻感情确已破裂。一方坚决要求离婚的，经调解无效的，可以依法准予离婚。本案中，叶某虐待公婆，不仅属于夫妻感情确已破裂的原因之一，还严重侵犯了老年人的合法权益，如果叶某坚持“一条道走到黑”，不仅对夫妻感情是一种极大的伤害，还可能面临民事甚至刑事责任的追究。所以本案中，王某的诉讼请求可以获得法院的支持。

7. 表兄妹结婚，婚姻关系有效吗？

李某的母亲和刘某的母亲是亲姐妹，20 世纪 70 年代初，为了亲上加亲，两家人让李某和刘某成了亲，并领了结婚证。数十年间，二人经历了风风雨雨，日子倒也过得安稳，但直到 2018 年，刘某去国外和儿子生活一段时间后回到国内，竟然发现李某有了外遇，这让原本很安稳的家庭产生了巨大的波动。刘某坚持要离婚，离婚后自己去国外跟着儿子生活。但李某却认为人非圣贤孰能无过，坚持不离婚。最后，刘某将此事起诉到法院，交由法院裁决。

律师说法

根据我国法律规定，直系血亲和三代以内的旁系血亲禁止结婚，有禁止结婚的亲属关系的，属于无效婚姻。人民法院审理宣告婚姻无效案件，对婚姻效力的审理不适用调解，应当依法作出判决；有关婚姻效力的判决一经作出，即发生法律效力。有权依据《民法典》第一千零五十一条规定向人民法院就已办理结婚登记的婚姻申请宣告无效的主体，包括婚姻当事人及利害关系人。利害关系人包括：(1)以重婚为由申请宣告婚姻无效的，为当事人的近亲属及基层组织。(2)以未到法定婚龄为由申请宣告婚姻无效的，为未达法定婚龄者的近亲属。(3)以有禁止结婚的亲属关系为由申请宣告婚姻无效的，为当事人的近亲属。(4)以婚前患有医学上认为不应当结婚的疾病，婚后尚未治愈为由申请宣告婚姻无效的，为与患病者共同生活的近亲属。本案中，李某和刘某属于三代以内旁系血亲，属于禁止结婚的情形，所以刘某将此案起诉到法院，无论李某是否同意离婚，都将会被法院判决婚姻关系无效。

司法实践中，涉及婚姻无效的案件只能通过人民法院来认定，婚姻登记部门无权认定。此类案件不能调解、不能撤诉。

8. 老年人再婚的，对方的子女有义务赡养自己吗？

林某68岁，早年丧偶后就一直单身，加上子女工作都很忙，所以身边连个说话的人都没有。直到去年，隔壁搬来一个新邻居王某，是一位单身的老太太。王某平时经常帮林某做一些家务，空闲的时候两个人经常在一起唠嗑。这让原本孤寂的两个老人找到了情感的归属。半年前，两个老人步入了婚姻的殿堂，婚后的生活也让两人找到许多曾经失去的快乐。但有一个问题一直困扰着林某，就是林某的几个子女对王某一直不怎么待见，他想知道子女有义务赡养王某吗？

律师说法

继子女和继父母的关系因婚姻而产生，是一种姻亲关系，只有在继子女与继父母之间存在实际的抚养关系之时，双方才形成拟制的血亲。继父母与继子女间，不得虐待或歧视。继父或继母和受其抚养教育的继子女间的权利和义务，适用对父母子女关系的有关规定。也就是说，只有继父母在继子女还未成年的时候抚养过继子女，继子女长大成人后才有义务赡养继父母。就本案来说，由于王某并未在林某子女年幼时抚养过他们，所以林某的子女没有义务赡养王某。

9. 子女去世的，孙子女有义务赡养老人吗？

李某夫妇年逾七十，身体还算健康，但子女却先后遭遇不幸，儿子 5 年前因车祸去世，女儿一年前因脑出血瘫痪在床，现在也无力赡养父母。好在李某夫妇还有一个孙子和一个外孙，总算在精神上有所寄托。可李某夫妇一直有个疑问，子女赡养自己是天经地义，但孙子和外孙是否有义务赡养自己？

律师说法

根据我国法律规定，有负担能力的祖父母、外祖父母，对于父母已经死亡或父母无力抚养的未成年的孙子女、外孙子女，有抚养的义务。有负担能力的孙子女、外孙子女，对于子女已经死亡或子女无力赡养的祖父母、外祖父母，有赡养的义务。本案中，李某夫妇的子女均遭遇了不幸，导致无人赡养他们。而他们的孙子或者外孙只要有负担能力，就有义务赡养二位老人。

本案是一个隔代赡养的案例，讲的是直系尊亲属与卑亲属之间的赡养关系，充分体现了中华民族尊老爱老的传统美德，也是我国确立的一项法律制度。

10. 父母能要求子女常回家看看吗？

李某曾经是一位教师，兢兢业业地在教师岗位上工作了数十年，现在已经退休。儿女双全的李某不愁吃穿，加上自己的退休金也不少，所以在经济上并没有给儿女带来什么负担，儿女定期会给李某打钱，供他吃喝。但自从老伴去世后，李某身边连一个能唠嗑的人都没有，每次要求子女常回家看看的时候，子女总说自己工作忙，等有时间就回去。可一年之中李某也见不到儿女几次，这种失落感让李某非常难过。李某想知道，我们国家的法律支持老人让子女常回家看看的这种诉求吗?

律师说法

根据我国法律规定，赡养人应当履行对老年人经济上供养、生活上照料和精神上慰藉的义务，照顾老年人的特殊需要。赡养人是指老年人的子女以及其他依法负有赡养义务的人。由此可见，我国的赡养包括物质和精神两个方面。精神方面就是我们常说的常回家看看。老年人普遍感到孤独，他们希望享受天伦之乐，感受家庭的温暖。回到本案，虽然李某的子女经常在物质上给予李某供养，但长时间不回家看望李某，是对李某在精神上的一种侵害，违背了我国关于赡养的法律规定，如果李某向法院提出让子女常回家看看的诉求，是可以获得法院支持的。

11. 老年人再婚，配偶一方不是附属品!

高某和周某是退休后结合的再婚夫妻。高某年轻的时候曾在文工团工作，退休了也没闲着，经常参加老年协会组织的文艺活动。而周某是做文职工作的，退休后变得更加安静了。高某也是为了周某好，经常让周某出去活动活动，别整天待在家里。但周某却不为所动，每天过着看报喝茶的平静生活。但这种平静的生活却显得很压抑，终于有一天周某爆发了。周某要求高某检点一些，不要天天出去跟别人跳舞，女人就应该遵守三从四德。但高某却认为这是周某的封建思想在作祟，并不认可周某的说法。因此，高某想从法律的角度讨一个说法，证明自己并不是周某的附属品，自己也是有人身自由的。

律师说法

根据我国法律规定，夫妻在家庭中地位平等。夫妻双方都有参加生产、工作、学习和社会活动的自由，一方不得对他方加以限制或干涉。在婚姻中，配偶双方都是有人身自由权的，无论是初婚还是再婚。这种制度的目的主要是打破封建思想中丈夫限制妻子人身自由的枷锁，充分体现了我国法律制度对女性社会地位的保障。当然，所谓的人身自由权也不能被加以滥用。配偶双方都应该以家庭为核心，照顾家庭，关爱彼此。这是已婚人士的一项基本义务，任何一方对子女、配偶、家庭都具有不可推卸的责任。

12. 继子女能逼继母离婚吗?

陈某 50 多岁，比高某小十来岁，两人是通过参加老年人活动结识的，在接触半年后结婚。但几个月前高某突发疾病，导致一直卧病在床。由于二人住的是高某的房子，自从高某病发以来，高某的子女一直过来闹事，逼迫陈某离婚。高某的子女认为，陈某之所以和大自己十来岁的高某结婚，就是图谋高某的家产，现在高某病倒了，就赖陈某！为了逼迫陈某离婚，高某的子女还将高某的退休工资卡强行拿走。现在陈某想知道，高某的子女能逼迫她离婚吗?

律师说法

根据我国法律规定，子女应当尊重父母的婚姻权利，不得干涉父母再婚以及婚后的生活。子女对父母的赡养义务，不因父母的婚姻关系变化而终止。干涉老年人婚姻自由，对老年人负有赡养义务、扶养义务而拒绝赡养、扶养，虐待老年人或者对老年人实施家庭暴力的，由有关单位给予批评教育；构成违反治安管理行为的，依法给予治安管理处罚；构成犯罪的，依法追究刑事责任。据此可知，本案中高某的子女无权干涉父亲的婚姻生活，更不能逼迫陈某离婚。当老年人遭遇子女干涉自己婚姻的情况，可以考虑以下解决途径：（1）老人要对子女做思想工作，避免伤害家庭成员之间的关系，尤其是再婚前一定要安排好自己的财产，因为子女对父母的财产非常敏感，担心父母再婚后出现财产被外人拿走的风险。（2）让亲友或者当地的调解组织，如村委会、居委会、人民调解委员会出面对此事进行调解。（3）如果前面的方法都行不通，最终出现暴力干涉婚姻自由的行为，老年人可以选择报警或者向当地的人民法院起诉解决此事。

13. 老年人婚姻状况不佳，一方转移房产该怎么办?

宋某60多岁，脾气一直很火暴，所以与老伴、子女的关系都不太好。由于股市行情不好，宋某又赔了一些钱，显得更加暴躁。因为宋某脾气的事，宋某的老伴张某没少和他拌嘴，甚至已经闹到离婚的地步。双方的婚姻状况已经到了剑拔弩张的境地，子女不想家丑外扬，撮合二人签了离婚协议，并且在离婚协议上载明了“二人无共同财产”。宋某在怒气干扰思维的情况下，没怎么仔细看就签了协议，并与张某办理了离婚手续。可就在离婚之后，宋某提出分割与张某共有的一套房屋之时，才被张某告知，早在一年前，他们的这套房子已经以买卖的形式过户到儿子小宋的名下，目的就是防止宋某炒股亏空变卖房产。这让宋某很生气，儿子和前妻竟然背着自己买卖房子，并且自己根本就不知情。现在宋某想知道，该如何解决这件事？

律师说法

根据我国法律规定，离婚时，夫妻的共同财产由双方协议处理；协议不成时，由人民法院根据财产的具体情况，按照照顾子女和女方权益的原则判决。离婚时，一方隐藏、转移、变卖、毁损夫妻共同财产，或伪造债务企图侵占另一方财产的，分割夫妻共同财产时，对隐藏、转移、变卖、毁损夫妻共同财产或伪造债务的一方，可以少分或不分。离婚后，另一方发现有上述行为的，可以向人民法院提起诉讼，请求再次分割夫妻共同财产。本案中，王某和子女合谋，将夫妻共同财产私自转移到儿子名下，侵犯了宋某的财产权，虽然离婚协议上载明“无共同财产”字样，但这既不是真实情况，也没有表明宋某放弃共同财产，因此宋某可以选择通过诉讼途径要回上述房屋。

实践中，夫妻双方走到离婚的地步，针对签订离婚协议，我们对老年人提出以下建议：

（1）不要急于办理离婚手续，要厘清夫妻共同生活期间产生了多少财产，如果放弃财产，一定要在深思熟虑的情况下，出于真实意愿放弃。

（2）在离婚协议中将共同财产明确具体地列出，不要使用“双方婚后无共同财产”或者“双方共同财产已经自行分割”之类含糊不清的字眼，这些字眼引起纠纷的概率很大。

（3）离婚协议要请法律专业人士把关。有的老年人受文化知识或者其他方面的局限，对离婚协议的内容不具有完整的表述能力，甚至可能出现不懂法的情况，在这种情况下，就需要聘请专业的律师拟定离婚协议，避免将来出现纠纷。

14. 收养关系解除的，养子女对养父母还有赡养义务吗？

赵某夫妇曾在 20 世纪 70 年代收养了 10 岁的王某为养子，并将王某抚养成人。1985 年，王某结婚，但仍与赵某夫妇共同生活。但在赵某夫妇退休之后，由于生活琐事，王某与赵某夫妇发生矛盾。双方闹得不可开交时，赵某夫妇与王某于 2010 年签订解除收养关系协议，王某支付赵某夫妇 2 万元作为补偿。2018 年 6 月，赵某夫妇认为王某是由他们抚养长大的，现在他们年老体弱，没有生活来源，要求王某支付生活费。但王某认为自己与赵某夫妇已经协议解除收养关系，所以拒绝支付生活费。那么在这种情况下，王某是否有义务支付生活费尽赡养义务呢？

律师说法

根据我国法律规定，收养关系解除后，经养父母抚养的成年养子女，对既缺乏劳动能力又缺乏生活来源的养父母，应当给付生活费。因养子女成年后虐待、遗弃养父母而解除收养关系的，养父母可以要求养子女补偿收养期间支出的生活费和教育费。回到本案，虽然赵某夫妇与王某协议解除了收养关系，王某也支付了协议约定的 2 万元补偿款，但随着时间的推移，赵某夫妇已经年老体弱，无生活来源，在这种困难的情况下，王某作为他们曾经的养子，仍然需要向养父母支付生活费，以尽赡养义务。

15. 父母离婚的，子女是否应尽赡养义务？

林某夫妇共同育有一子，原本幸福的一家却因林某有外遇而破裂。林某夫妇离婚后，儿子跟着母亲王某生活，这期间，林某也按时支付抚养费。但十几年后随着年龄的增长，步入老年的林某在生活上毫无保障，离婚时分得的财产也因为花天酒地挥霍一空。现在林某要求儿子向自己提供生活费，并尽赡养义务。但林某的儿子认为林某早年间跟别的女人鬼混，抛弃妻子，是林某有错在先，所以拒绝尽赡养义务。那么在这种情况下，林某的儿子是否有义务赡养林某呢？

律师说法

根据我国法律规定，父母与子女间的关系，不因父母离婚而消除。离婚后，子女无论由父或母直接抚养，仍是父母双方的子女。离婚后，父母对子女有抚养教育的义务；子女对父母有赡养扶助的义务。父母不履行抚养义务时，未成年的或不能独立生活的子女，有要求父母付给抚养费的权利；子女不履行赡养义务时，无劳动能力的或生活困难的父母，有要求子女付给赡养费的权利。回到本案，虽然林某夫妇因外遇事件终结了双方的婚姻关系，但林某一直支付抚养费，所以也尽到了抚养义务。现在林某年老体弱，林某的儿子应当向父亲尽赡养义务，按时提供生活费用。

16. 养父母有亲生子女的，养子女还需要尽赡养义务吗？

周某夫妇家住农村，有两个儿子，一个是养子，另一个是亲生儿子。周某夫妇将这两个儿子抚养长大后，在一次家庭会议中进行了分家析产，并约定每个儿子要按月支付500元作为二老的生活费。但自2017年开始，养子郭某与周某夫妇因赡养问题时常发生纠纷，便拒绝履行赡养义务，原因是既然有亲生儿子在，他这个养子便没义务赡养周某夫妇。那么，郭某是否可以拒绝履行赡养义务呢？

律师说法

根据我国法律规定，国家保护合法的收养关系。自收养关系成立之日起，养父母与养子女间的权利义务关系，适用法律关于父母子女关系的规定，父母对子女有抚养教育的义务，子女对父母有赡养扶助的义务。父母不履行抚养义务时，未成年的或不能独立生活的子女，有要求父母付给抚养费的权利；子女不履行赡养义务时，无劳动能力的或生活困难的父母，有要求子女付给赡养费的权利。本案中，郭某是由周某夫妇抚养长大的，虽然他们有亲生子女，但这并不能免除郭某的赡养义务。

17. 子女声明放弃继承权的，是否可以拒绝履行赡养义务？

杨某夫妇膝下有两个子女，大女儿是个体老板，生活殷实，不愁吃穿，所以经常会给二老购置生活用品，与父母的关系显得也很亲近。小儿子是个下岗职工，平时生活拮据，所以与二老走动不多。在杨某夫妇快70岁的时候，小儿子以放弃继承权为由，拒绝向杨某夫妇支付生活费，这让杨某夫妇很伤心。那么小儿子放弃了继承权，就能拒绝履行赡养义务吗？

律师说法

根据我国法律规定，赡养人不得以放弃继承权或者其他理由，拒绝履行赡养义务。赡养人不履行赡养义务，老年人有要求赡养人付给赡养费等权利。继承开始后，继承人放弃继承的，应当在遗产处理前作出放弃继承的表示。由此可知，子女不能基于放弃继承权或者其他理由，拒绝履行赡养义务。此外，继承权只有在遗产处理前才发生，也就是说，就算放弃继承权，也只能在老人去世之后才能选择放弃，老人健在的，不存在放弃继承权的说法，即使放弃了也是没有任何法律效力的。

18. 子女因交通事故去世的，老年人能否获得生活费的赔偿?

李某是某蔬菜批发市场的个体户，经常给周边的饭店送菜。李某家里有两位老人需要赡养，父亲62岁，母亲60岁。但天有不测风云，李某在一次送菜的过程中发生交通事故，不幸去世。肇事司机高某在这起交通事故中负全责。李某的父母由于年老体弱，早已经丧失劳动能力，并无其他生活来源，平时全靠儿子李某赡养，现在儿子去世了，他们的生活也没了着落。那么，李某的父母能否向肇事司机索要生活费的赔偿呢?

律师说法

根据我国法律规定，侵害公民身体造成伤害的，应当赔偿医疗费、因误工减少的收入、残疾人生活补助费等费用；造成死亡的，并应当支付丧葬费、死者生前扶养的人必要的生活费等费用。被扶养人生活费根据扶养人丧失劳动能力程度，按照受诉法院所在地上一年度城镇居民人均消费性支出和农村居民人均年生活消费支出标准计算。被扶养人为未成年人的，计算至18周岁；被扶养人无劳动能力又无其他生活来源的，计算20年。但60周岁以上的，年龄每增加一岁减少一年；75周岁以上的，按5年计算。被扶养人是指受害人依法应当承担扶养义务的未成年人或者丧失劳动能力又无其他生活来源的成年近亲属。被扶养人还有其他扶养人的，赔偿义务人只赔偿受害人依法应当负担的部分。被扶养人有数人的，年赔偿总额累计不超过上一年度城镇居民人均消费性支出额或者农村居民人均年生活消费支出额。据此可知，李某的父母可以要求肇事司机向他们支付生活费。

19. 子女好逸恶劳，老年人可以拒绝"啃老"吗?

杨某是一位退休教师，早年丧偶。杨某的儿子小杨自打高中毕业后，就一直窝在家里"享受生活"，每天不是打游戏就是上网看电影，根本没有出去工作的意思。小杨认为自己无论多大，父亲都应该抚养他。虽然小杨已经30多岁，成天无所事事，但父亲的退休金足够他们爷俩的日常开支。杨某见儿子颓废到如此地步，既心痛又生气，但也始终拿儿子没有办法，谁叫自己只有这么一个儿子呢。但白驹过隙，杨某的身体一天比一天差，他的退休金也仅够自己生活和治病所需，再也无力抚养儿子。那么，老年人是否有权拒绝“啃老”呢？

律师说法

根据我国法律规定，中华人民共和国公民有劳动的权利和义务。劳动是一切有劳动能力的公民的光荣职责。我国法律虽然规定父母有抚养子女的义务，但这也仅限于子女是未成年人或者丧失生活能力的情况。就本案而言，杨某的儿子小杨身体健康，完全有能力凭借劳动养活自己，现在却好逸恶劳，依靠父亲的养老金过生活，在家“啃老”，杨某当然可以拒绝继续抚养小杨。而小杨也应该尽早树立独立的思想，认识到父亲已经年老体弱，只有凭借自己的双手出去工作才能有未来，才能给父亲提供一个良好的养老环境。

热线咨询

1. 什么是老年人？什么是“三无老人”？

在我国，老年人是指年满60周岁的中华人民共和国公民。“三无老人”指的是没有劳动能力、没有收入来源、没有法定赡养人或者扶养人的老年人。“三无老人”是最困难，也是最需要救助的社会群体，由地方各级人民政府依照有关规定给予供养或者救助。

2. 子女支付赡养费一般参考什么因素？

赡养费的给付，一般参考三个因素：（1）当地居民的一般生活水平。（2）被赡养人的实际需求。（3）赡养人的经济能力。有多个子女的，因子女的负担能力有区别，各子女支付赡养费的数额参考上述标准加以区分。

3. 赡养人对患病、生活不能自理的老人要履行什么义务？

赡养人应当使患病的老年人及时得到治疗和护理；对经济

困难的老年人，应当提供医疗费用。对生活不能自理的老年人，赡养人应当承担照料责任；不能亲自照料的，可以按照老年人的意愿委托他人或者养老机构等照料。

4. 子女是否可以侵占老年人的房产？

赡养人应当妥善安排老年人的住房，不得强迫老年人居住或者迁居条件低劣的房屋。老年人自有的或者承租的住房，子女或者其他亲属不得侵占，不得擅自改变产权关系或者租赁关系。老年人自有的住房，赡养人有维修的义务。

5. 老年人签订房屋买卖合同，应当注意什么问题？

老年人在签订房屋买卖合同之前一定要注意以下几点，以免上当受骗：

（1）房屋买卖合同必须采用书面形式，合同应当载明房屋所在的位置、面积、价款等内容。

（2）并不是出售人将房本交到老年人手里，老年人住进去，就意味着房屋买卖完成。一定要去房屋所在地的房屋登记部门进行过户登记，才发生房屋所有权转移，如果未进行过户登记，就算老年人住进去，也不发生房屋所有权转移的法律事实。

（3）如果老年人购买的房屋已经有租户，一定要让房屋出售人出示租户放弃优先购买权的签字声明，避免将来出现纠纷。

（4）大部分房屋可能涉及夫妻共有问题，所以一定要让夫妻双方均在房屋买卖合同上签字，确认夫妻双方均同意出售房屋。

（5）如果出售房屋的人是代理人或者代办人，一定要让其出示公证机关出具的代卖房屋公证书，避免出现纠纷。

6. 父母出钱给子女买的房是否属于夫妻共同财产？

关于此问题，应当分情况处理：

（1）父母在子女婚前出资给子女买的房，属于子女婚前财产。

（2）父母在子女婚后出资给子女买的房，一般属于子女夫妻共有。但也有例外：婚后由一方父母出资给子女购房，且该房屋登记在出资人子女名下的，视为只对出资人子女一方的赠与，不属于子女夫妻共同财产。

（3）双方父母在子女婚后出资给子女买房，产权登记在一方子女名下的，该房屋应当按出资份额认定为按份共有，但当事人之间另有约定的除外。

7. 什么是公租房？在什么情况下，夫妻离婚后均可承租公租房？

公租房又叫公房租赁，是我国计划经济时代的产物，将公用住房作为职工的福利由单位分配给职工租赁使用。当年的公房承租人现在大多数已经成为老年人，公房承租关系到职工家庭的财产利益。

夫妻共同居住的公房，具有下列情形之一的，离婚后，双方均可承租：（1）婚前由一方承租的公房，婚姻关系存续5年以上的；（2）婚前一方承租的本单位的房屋，离婚时，双方均为本单位职工的；（3）一方婚前借款投资建房取得的公房承租权，婚后夫妻共同偿还借款的；（4）婚后一方或双方申请取得公房承租权的；（5）婚前一方承租的公房，婚后因该承租房屋拆迁而取得房屋承租权的；（6）夫妻双方单位投资联建或联合购置共有房屋的；（7）一方将其承租的本单位的房屋，交回本单位或交给另一方单位后，另一方单位另给调换房屋的；（8）婚前双方均租有公房，婚后合并调换房屋的；（9）其他应当认定为夫妻双方均可承租的情形。

相关部门在办理老年人承租公房的转移、过户、交换、户口迁入等手续时，应当当面取得老年人的同意，并验证老年人签名的书面材料，从而维护老年人的合法权益。

8. 夫妻离婚后，按什么原则确定谁来承租公房？没租到公房的，能否获得补偿？

对夫妻双方均可承租的公房，应依照下列原则予以处理：（1）照顾抚养子女的一方；（2）男女双方在同等条件下，照顾女方；（3）照顾残疾或生活困难的一方；（4）照顾无过错一方。对夫妻双方均可承租的公房而由一方承租的，承租方对另一方可给予适当的经济补偿。

此外，夫妻双方均可承租的公房，如面积较大能够隔开分室居住使用的，可由双方分别租住；对可以另调房屋分别租住或承租方给另一方解决住房的，可予准许。离婚时，一方对另一方婚前承租的公房无权承租而解决住房确有困难的，人民法院可调解或判决其暂时居住，暂住期限一般不超过两年。暂住期间，暂住方应交纳与房屋租金等额的使用费及其他必要的费用。离婚时，一方对另一方婚前承租的公房无权承租，另行租房经济上确有困难的，如承租公房一方有负担能力，应给予一次性经济帮助。

9. 租户拖欠房租，出租人该怎么办？

依据我国法律规定，承租人无正当理由延迟缴付或拒绝缴付房租的，出租人可以要求承租人按照合同缴纳违约金。如果承租人未缴付房租累计达 6 个月之久，出租人可以收回房屋，解除合同，并要求承租人赔偿出租人因此受到的损失。如果承租人还是拒绝缴付，出租人就可以请求法院强制其缴纳租金了。

出租人不可以留置承租人在出租房屋内的财产，因为按照担保法的规定，只有一方依据合同占有另一方的财产，而另一方又没有按合同约定的期限履行债务时，才能留置另一方的财产。出租人依据租赁合同并不能占有承租人在出租房屋内的财产，所以除非双方在合同中约定，以承租人的某个财产作为支付房租的抵押，否则出租人就不能留置承租人的财产抵偿租金。

如果承租人不交房租，出租人可以向法院起诉。出租人去法院起诉承租人，有时效限制。承租人迟延缴付房租或者拒绝缴付房租，适用 1 年的诉讼时效。如果出租人在 1 年内没有向承租人催缴，也没有向法院起诉，那么法院也不能帮出租人要回租金。如果情况紧急，出租人也可以向法院申请诉前财产保全，然后再起诉。

10. 租户遭遇房东卖房，还可以继续居住吗？

依据我国法律规定，如果出租人要卖掉房子，应当首先通知承租人。如果想购买房子的人给出的条件和承租人的条件相同，那么出租人应当把房子卖给承租人，这就叫作“优先购买权”。《民法典》第七百二十六条规定，出租人出卖租赁房屋的，应当在出卖之前的合理期限内通知承租人，承租人享有以同等条件优先购买的权利。当然，如果承租人出的价格比别人低，出租人就可以把房子卖给别人。

按照《民法典》第七百二十五条规定，租赁物在承租人按照租赁合同占有期限内发生所有权变动的，不影响租赁合同的效力。因此，如果承租人不想买下这套房子，在原租赁合同约定的期限内，仍可以按照原合同的条款继续租用这套房子，新房东没有权利让承租人搬走。这就是所谓的“买卖不破租赁”。

因为最初的房屋租赁合同是承租人与旧房东签订的，承租人应向旧房东履行合同义务，所以在旧房东提供证据证明新房东已享有产权，通知承租人向新房东支付租金，并由新房东与承租人签订租赁主体变更合同之前，承租人仍应按原合同履行，将租金交给旧房东。

总体来说，如果房东想转让房屋，承租人享有优先购买权和在原合同期限内继续承租的权利。《民法典》这两条的规定是对承租人权利的一种基本保护。

11. 房东可以给租户随意涨房租吗？租房押金是必须交的吗？

依据我国法律规定，房屋租金是由租赁双方按照房屋所在地人民政府规定的私有房屋租金标准协商议定的。租赁合同是出租人将租赁物交付承租人使用、收益，承租人支付租金的合同。因此，出租人不可以向承租人收取管理费等费用。对于私有住房，除了房租之外，出租人不能向承租人收取其他任何费用。至于物业费、水电费等，出租人可以和承租人在合同中约定，由承租人向物业公司和有关机关缴纳。

对于租赁期限较长或未定租赁期限的房屋租赁，如果当时确定的租金金额和现在的市场情况相差太远，以至于对于出租人来说显然是不公平的，那么出租人就可以在法律政策允许的范围内，要求承租人适当地增加租金。如果承租人不同意，出租人可以向法院起诉。但是如果租赁期限较短，出租人就不能要求增加租金。

通常大家所说的房屋租赁押金就是所谓的保证金，租赁保证金是一种履约保证的措施，是指出租人根据租赁期限、租金支付期限、房屋用途、维修责任等因素与承租人约定收取的租赁押金。房屋出租时，出租人可以与承租人约定收取房屋租赁保证金。租赁保证金的数额由双方当事人约定。租赁关系终止时，房屋租赁保证金除用以抵冲合同约定由承租人承担的费用外，剩余部分应当归还承租人。公有住房出租人不得向承租人收取房屋租赁保证金。

12. 租户因疾病突然去世，租房合同还继续有效吗？

首先，承租人在房屋租赁期间死亡的，与其生前共同居住的人可以按照原租赁合同租赁该房屋。因此，房屋租赁期间承租人死亡的，该租赁合同仍继续有效。

其次，租赁合同继续有效，是为了保护合同双方之间的期待利益，因为双方在签订租赁合同时能够预料到在约定租赁期间内履行双方义务。虽然承租人已经死亡，但是与其一起居住的家属仍然需要居住的地方。

最后，承租人死亡，如果该承租人的家人并没有和他共同居住，原租赁合同就失效了。在没有经过出租人同意的情况下，未在一起居住的家人无权擅自搬入出租房屋。

另外，如果出租人死亡，合同仍继续有效。在租赁期间，出租人死亡并不影响原租赁合同的效力。当出租人的继承人继承房屋时，继承人就自动成为新的产权人，双方应当继续履行合同，出租人的家人无权收回房屋。

综上，房屋租赁期间承租人死亡，和承租人共同居住的人有权要求继续按照原租赁合同租住。如果是出租人死亡，则不影响租赁合同的效力。

13. 房东可以随时让租户搬走吗？

首先，对于有固定期限的房屋租赁，出租人是否有权提前收回房屋，要看合同是怎么约定的。如果合同中没有约定，出租人就必须事先征得承租人同意；如果承租人不同意，出租人就只能继续履行合同。

其次，如果具有合同法规定的法定解除情形，出租人就可以解除合同。比如，《民法典》第七百一十一条规定，承租人未按照约定的方法或者租赁物的性质使用租赁物，致使租赁物受到损失的，出租人可以解除合同并要求赔偿损失。第七百一十六条第二款规定，承租人未经出租人同意转租的，出租人可以解除合同。第七百二十二条规定，承租人无正当理由未支付或者迟延支付租金的，出租人可以要求承租人在合理期限内支付。承租人逾期不支付的，出租人可以解除合同。另外，如果承租人利用租赁的房屋从事违法活动，擅自转让租赁的房屋，擅自破坏租赁的房屋、改变结构、改变用途，或者拖欠房租达6个月之久，出租人就可以提前收回房屋，终止合同。

最后，按照《民法典》第七百三十条规定，当事人对租赁期限没有约定或者约定不明确，依照该法第五百一十条的规定仍不能确定的，视为不定期租赁。当事人可以随时解除合同，但出租人解除合同应当在合理期限之前通知承租人。也就是说，如果双方没有约定房屋租赁的期限，就是不定期租赁，双方可以随时解除租赁合同，但出租人也应提前通知承租人。

综上所述，出租人一般不能提前收回出租房屋，如要收回，应提前通知承租人并给予赔偿。如果符合出租人单方解除合同的条件，则可提前收回。对于不定期房屋租赁，出租人可以在提前通知的前提下，随时收回出租房屋。

14. 租户在出租屋内被空调砸伤，该怎么办？

首先，出租人应当履行租赁物的维修义务，但当事人另有约定的除外。所以，及时检查、维修出租房屋是出租人的法定义务，除非双方在合同中约定由承租人承担维修义务，对于承租人增添的附属设备，双方也可以约定由谁来负责维修。

其次，出租住宅的自然损坏或合同约定由出租人修缮的，由出租人负责修复。因此，如果是因为出租人不及时修复房屋，没有尽到检查和维修的义务，从而导致房屋发生倒塌或者其他破坏性事故，并且给承租人的人身财产带来损失的，出租人就应当承担赔偿责任。

最后，如果房屋损坏是因为承租人的过错造成，或者是因为地震等不可抗力因素造成，或者双方约定由承租人负责检查、维修房屋的，出租人可以免责。但是，要注意的是，如果该房屋是因为出租人未及时履行检查、维修义务，使得房屋未处于良好使用状态，发生了不可抗力事件而致使房屋损坏的，出租人不能免责，并应依过错程度承担一定责任。

双方约定由承租人负责检查、维修房屋，但是出租人在出租时对该房屋的现状有所隐瞒的，如果房屋发生破坏性事故，出租人也不能因此完全免责。

15. 租户在什么情况下可以单方面解除租赁合同？

一般来讲，在房屋租赁期间，如果存在以下情况，承租人就可以单方面解除合同：

（1）出租人未按时交付房屋，经承租人催告后在合理期限内仍未交付。

（2）出租人交付的房屋不符合房屋租赁合同的约定，致使承租人不能实现房屋租赁的目的。

（3）出租人已交付的房屋存在缺陷，危及承租人安全或健康的。

（4）出租人不履行检查、维修义务，危及承租人安全或健康的。

16. 消费者受到食源性疾病侵害，能够索赔吗？

食源性疾病指的是通过摄食而进入人体的有毒有害物质（包括生物性病原体）等致病因子所造成的疾病，一般可以分为感染性和中毒性，包括常见的食物中毒、肠道传染病以及人畜共患的传染病、寄生虫病。消费者因购买、使用商品或者接受服务受到人身、财产损害的，依法享有获得赔偿的权利。

17. 商家应怎样保障消费者的消费安全？

经营者在日常经营中，应当将维护消费者的安全放在第一位，如餐馆、超市、影剧院等都是人流比较密集的地方，容易出现摔伤和财物被盗的事实，因此我国《消费者权益保护法》要求，经营者应当保证其提供的商品或者服务符合保障人身、财产安全的要求。对可能危及人身、财产安全的商品和服务，应当向消费者作出真实的说明和明确的警示，并说明和标明正确使用商品或者接受服务的方法以及防止危害发生的方法。宾馆、商场、餐馆、银行、机场、车站、港口、影剧院等经营场所的经营者，应当对消费者尽到安全保障义务。

18. 进行消费投诉时应注意哪些事项？

老年人遭遇消费陷阱时可以向市场监督管理机关投诉，投诉时应注意以下事项：

（1）有明确的被诉主体；

（2）有具体的投诉请求、事实和理由；

（3）投诉人应当是与消费争议有利害关系的人；

（4）属于市场监督管理机关管辖范围；

（5）消费者在投诉时，应当提供真实的姓名、地址、电话号码或其他联系方式，以及被投诉方的名称、地址和电话号码；

（6）消费者应当保存好消费凭证与商品。

19. 消费者购物被告知“商品一经售出概不退换”，是否合法？

现实生活中，经营者往往为了维护自己的利益，在和消费者交易的过程中，扩大自己的权利，限制消费者的权利，从而减轻原本属于自己的经营义务。经营者往往通过格式条款、通知、声明、店堂告示等方式在数量、质量、价款、费用、履行期限、售后服务等方面作出对消费者不公平的规定。经营者在经营活动中使用格式条款的，应当以显著方式提请消费者注意商品或者服务的数量、质量、价款、履行期限和方式、安全注意事项和风险警示、售后服务、民事责任等与消费者有重大利害关系的内容，并按照消费者的要求予以说明。

经营者不得以格式条款、通知、声明、店堂告示等方式，作出排除或者限制消费者权利、减轻或者免除经营者责任、加重消费者责任等对消费者不公平、不合理的规定，不得利用格式条款并借助技术手段强制交易。格式条款、通知、声明、店堂告示等含有上面所列内容的，其内容无效。因此，“商品一经售出概不退换”的说法不合法。

20. 超市怀疑消费者偷东西，保安可以对其搜身吗？

实践中，总有一些超市的保安认为在超市的范围内，自己就是执法者，于是对其怀疑的顾客采取搜身、扣押等强制措施。

这些行为显然都是违法行为，依据我国《消费者权益保护法》的规定，经营者不得对消费者进行侮辱、诽谤，不得搜查消费者的身体及其携带的物品，不得侵犯消费者的人身自由。

21. 消费者购物担心自己的信息被泄露，经营者负有什么义务？

在我国，经营者为了给消费者提供更好的服务，且将客源牢牢掌握在自己手中，避免客源流失，往往会通过办理会员卡等方式获取消费者的个人信息。然而随着经济的发展，很多人认识到消费者个人信息的重要性，便滋生了以牟利为目的买卖消费者个人信息的违法行为。这是一种严重侵害消费者合法权益的行为，为了杜绝该行为，规范获取消费者个人信息的行为，我国《消费者权益保护法》明确规定：经营者收集、使用消费者个人信息，应当遵循合法、正当、必要的原则，明示收集、使用信息的目的、方式和范围，并经消费者同意。经营者收集、使用消费者个人信息，应当公开其收集、使用规则，不得违反法律、法规的规定和双方的约定。

经营者及其工作人员对收集的消费者个人信息必须严格保密，不得泄露、出售或者非法向他人提供。经营者应当采取技术措施和其他必要措施，确保信息安全，防止消费者个人信息泄露、丢失。在发生或者可能发生信息泄露、丢失的情况时，应当立即采取补救措施。

此外，除非消费者同意，经营者不得向消费者发送任何商业性信息。

22. 我国有食品召回制度吗?

答案是肯定的，我国的法律明确规定了食品召回制度。食品生产者一旦发现自己生产的食品不符合食品安全标准，应当主动停止生产，召回已经对外出售的相关食品。食品生产者应当及时通知相关的食品经营者和消费者，同时还要将召回的情况和通知的情况进行相应的记录。此后，还要对召回的食品采取相关的处理措施，如进行无害化处理、销毁等。在采取措施后，还应当及时向相关的行政监管部门进行报告。此外，如果食品的经营者发现其经营出售的食品存在不符合食品安全标准的情况，应当立即停止出售，通知食品的相关生产经营者和消费者，并进行记录。县级以上相关行政监管部门应当依法对食品生产经营者的食品召回和处理或者停止经营的情况进行执法监督。

23. 国家通过哪些方式保护消费者的合法权益?

国家一般通过如下方式保护消费者的合法权益：

（1）各级人民政府加强领导，组织、协调、督促有关行政部门做好保护消费者合法权益的工作，落实保护消费者合法权益的职责。

（2）各级人民政府加强监督，预防危害消费者人身、财产安全行为的发生，及时制止危害消费者人身、财产安全的行为。

（3）各级人民政府市场监督管理部门和其他有关行政部门应当依照法律、法规的规定，在各自的职责范围内，采取措施，保护消费者的合法权益。

（4）有关行政部门应当听取消费者和消费者协会等组织对经营者交易行为、商品和服务质量问题的意见，及时调查处理。

（5）有关行政部门在各自的职责范围内，应当定期或者不定期对经营者提供的商品和服务进行抽查检验，并及时向社会公布抽查检验结果。

（6）有关行政部门发现并认定经营者提供的商品或者服务存在缺陷，有危及人身、财产安全危险的，应当立即责令经营者采取停止销售、警示、召回、无害化处理、销毁、停止生产或者服务等措施。

（7）有关国家机关应当依照法律、法规的规定，惩处经营者在提供商品和服务中侵害消费者合法权益的违法犯罪行为。

（8）人民法院应当采取措施，方便消费者提起诉讼。对符合《民事诉讼法》起诉条件的消费者权益争议，必须受理，及时审理。

此外，国家在制定有关消费者权益的法律、法规、规章和强制性标准时，应当听取消费者或者消费者协会的意见。

24. 消费者协会的职责都包括哪些？

消费者协会，是依照法律规定成立的对商品和服务进行社会监督，保护消费者合法权益，引导广大消费者合理、科学地进行消费，促进我国经济的健康发展的社会组织。消费者协会的职责主要包括：

（1）向消费者提供消费信息和咨询服务，提高消费者维护自身合法权益的能力，引导文明、健康、节约资源和保护环境的消费方式。

（2）参与制定有关消费者权益的法律、法规、规章和强制性标准。

（3）参与有关行政部门对商品和服务的监督、检查。

（4）就有关消费者合法权益的问题，向有关部门反映、查询，提出建议。

（5）受理消费者的投诉，并对投诉事项进行调查、调解。

（6）投诉事项涉及商品和服务质量问题的，可以委托具备资格的鉴定人鉴定，鉴定人应当告知鉴定意见。

（7）就损害消费者合法权益的行为，支持受损害的消费者提起诉讼或者依法提起诉讼。

（8）对损害消费者合法权益的行为，通过大众传播媒介予以揭露、批评。

各级人民政府对消费者协会履行职责应当予以必要的经费等支持。消费者协会应当认真履行保护消费者合法权益的职责，听取消费者的意见和建议，接受社会监督。

25. 购物广告繁多，消费者怎样避免被广告欺骗？

消费者要借助法律规定，认清哪些广告是靠谱的，哪些广告是违法骗人的。依据我国《广告法》的规定，广告的内容应当有利于人民的身心健康，促进商品和服务质量的提高，保护消费者的合法权益，遵守社会公德和职业道德，维护国家的尊严和利益，不能出现下列内容：

（1）使用中华人民共和国国旗、国徽、国歌。

（2）使用国家机关和国家机关工作人员的名义。

（3）使用“国家级”“最高级”“最佳”等用语。

（4）妨碍社会安定和危害人身、财产安全，损害社会公共利益。

（5）妨碍社会公共秩序和违背社会良好风尚。

（6）含有淫秽、迷信、恐怖、暴力、丑恶的内容。

（7）含有民族、种族、宗教、性别歧视的内容。

（8）妨碍环境和自然资源保护。

（9）法律、行政法规规定禁止的其他情形。

上述内容只是对一般广告的基本要求，针对食品广告还有专门的规定：

（1）食品广告不得含有“最新科学”“最新技术”“最先进加工工艺”等绝对化的语言或者表示。

（2）食品广告不得出现与药品相混淆的用语，不得直接或者间接地宣传治疗作用，也不得借助宣传某些成分的作用明示或者暗示该食品的治疗作用。

（3）食品广告不得明示或者暗示可以替代母乳，不得使用哺乳妇女和婴儿的形象。

（4）食品广告中不得使用医疗机构、医生的名义或者形象。

食品广告中涉及特定功效的，不得利用专家、消费者的名义或者形象做证明。

（5）保健食品的广告内容应当以国务院卫生行政部门批准的说明书和标签为准，不得任意扩大范围。

（6）保健食品不得与其他保健食品或者药品进行功效对比。

（7）保健食品、新资源食品、特殊营养食品的批准文号应当在其广告中同时发布。

（8）普通食品、新资源食品、特殊营养食品广告不得宣传保健功能，也不得借助宣传某些成分的作用明示或者暗示其保健作用。

（9）普通食品广告不得宣传该食品含有新资源食品中的成分或者特殊营养成分。

因此，老年消费者在遇到一款产品的广告时，完全可以依据上述内容识别哪些是靠谱的，哪些是骗人的。

26. 食品可以免检吗？

免检指的是凡是符合法定条件的产品，可以免于政府相关部门的质量监督检查。在《食品安全法》颁布实施前，在食品领域曾经存在免检制度，但经过“三鹿奶粉”事件之后，人民群众对食品领域的免检制度产生了极大质疑，未经过质量检验的食品流入市场，到底是否安全，消费者根本无法确定，所以《食品安全法》颁布实施后，明确规定不再对食品实行免检制度。

27. 消费者吃了“三无食品”后身体不适，能够获得多少倍的赔偿？

依据我国《食品安全法》的规定，生产不符合食品安全标准的食品或者销售明知是不符合食品安全标准的食品，消费者除可以要求赔偿损失外，还可以向生产者或者销售者要求支付价款十倍的赔偿金。

温馨贴士

居家生活对老年人来说是一个温暖的词汇，与每一个老年人息息相关。在日常生活中，老年人会面临婚姻、赡养、消费等法律关系，家庭成员之间会因差异产生各种矛盾，所以并不是每一对夫妻都能够白头偕老，也可能因为子女或者亲属的介入而引发其他矛盾。当无缘白头偕老，遭遇再婚的时候，若由于各种原因没有办理结婚证，虽然老年人自认为已经是“事实婚姻”了，但从法律角度讲，一旦出现涉及婚姻方面的纠纷将很难获得法律保障。此外，老年人在赡养和消费生活方面，一样需要法律的调整，当出现“儿女不孝”“食物中毒”“租房遭遇伤害”时，要及时寻求法律帮助，让法律成为自己的坚强后盾。

第二章

继承保障

案例直击

1. 遗嘱内容早知道，避免纠纷才是好！

李老汉70多岁，丧偶多年的他并未再娶妻。李老汉膝下有三个儿女，都已经成家独立，每个儿女都还算孝顺，逢年过节时常回来看望他。身体越发衰弱的李老汉觉得应该对自己的身后事有个交代，他不想等自己百年后，几个儿女为了自己的财产争得面红耳赤。可现在有个难题摆在李老汉面前，他想通过遗嘱的形式确定自己财产的归属，但又拿不准遗嘱的具体内容都包括什么，所以李老汉很想知道，一份合法有效的遗嘱应该包括哪些内容？

律师说法

司法实践中，遗嘱是老年人对遗产及相关事项的安排，主要包括如下内容：

（1）继承人。继承人必须是法定继承人，不能是法定继承人之外的人。将遗产分配给法定继承人之外的人属于遗赠。

（2）财产安排。老年人应当将自己的财产列一个详细而具体的清单，并明确说明某项财产指定由某继承人继承。如果是几个继承人共同继承同一项财产，还应当写明每个继承人的继承份额。

（3）应尽的义务。如果某项财产给予某个继承人，需要某个继承人履行相应义务的，也应当明确说明。

（4）遗嘱执行人。最好明确一个遗嘱执行人，履行遗嘱中确定的执行权利和义务，但这个遗嘱执行人不能擅自处分遗产。

（5）个人信息。当然也要写清楚老人的基本信息，包括姓名、性别、出生日期、家庭住址等。

2. 遗嘱形式早知道，避免纠纷才是好！

王老太 80 多岁，是一名退休已久的老教师。她年轻的时候是当地很有学问的人，虽然现在已经到了耄耋之年，但思维依然很清晰。每当看到电视上有儿女因为争家产闹得不可开交的画面，王老太就觉得很心痛，原本和和气气的一家人，竟为了老人的财产争得面红耳赤。王老太担心自己有一天会患老年痴呆，可能来不及立遗嘱，所以她想知道，遗嘱有几种形式？

律师说法

在我国，遗嘱一共有六种形式，包括：

（1）自书遗嘱，指的是由老年人亲自执笔书写的遗嘱。自书遗嘱要求老年人在立遗嘱的时候头脑清晰、神志清醒，不受任何人的影响、胁迫、欺诈。切记，自书遗嘱不能由电脑打印或者找别人代写。一份自书遗嘱写完后，记得签名、盖章、按手印，并注明时间。

（2）代书遗嘱，指的是由老年人口述，找两个或者两个以上与继承人没有任何利害关系的见证人在场见证，并由其中一个见证人代替老人书写的遗嘱。代书遗嘱一般发生在老年人自己没有书写能力的情况下，代书人必须按照老年人的真实意愿代写，代写完成后，要当着老年人的面核对一遍，获得老年人认可后，由老年人签字、盖章、按手印。同时，代书人也要签字、盖章、按手印。代书人、见证人也需要具有完全的民事行为能力。

（3）录音录像遗嘱，指的是老年人通过口述录音或者录像的方式，将遗嘱的内容记录下来。录音录像遗嘱也需要两个以上的见证人，且见证人必须与继承人无任何利害关系。在录音或者录像的过程中，遗嘱人和见证人必须分别说明自己的详细情况，主要包括姓名、年龄、性别、籍贯、所在单位、家庭地址。此外，遗嘱人还要在录音或者录像中说明录音遗嘱的时间和地点。录音录像遗嘱制作完成后，应当立即封存，并在封存的封面上由遗嘱人、见证人共同签字，由遗嘱见证人或者遗嘱执行人保存。如果录音录像遗嘱被发现有篡改的，录音录像遗嘱则全部或者部分无效。

（4）口头遗嘱，指的是由于情况紧急，老年人在两个以上见证人在场的情况下亲自口述的遗嘱。所谓的情况紧急，主要是指老年人突发疾病或者其他随时有可能剥夺老年人生命的情况。口头遗嘱仅限于在情况紧急的条件下，如果紧急情况被解除，老年人能够以书面或者录音录像形式立遗嘱的，前面所立的口头遗嘱无效。

（5）公证遗嘱，指的是公证处按照法定程序证明遗嘱人设立遗嘱行为真实、合法的活动。经公证证明的遗嘱为公证遗嘱。

（6）打印遗嘱，指的是通过技术设备书写、打印的遗嘱，应当有两个以上见证人在场见证。遗嘱人和见证人应当在遗嘱每一页签名，注明年、月、日。

3. 遗嘱要件很重要，莫让有效变无效！

王大爷退休后，才过了几天清闲日子就被疾病打倒了。经过几个月的治疗，王大爷终于出院，回家调养。大病初愈的王大爷开始重视自己的身后事，他名下有两套房产和一些现金存款。他准备按照儿女的经济实力分配这些财产，小儿子的经济条件好，就将现金存款给小儿子，大闺女和二儿子经济条件一般，都是下岗职工，就将房产给他们。王大爷听说有很多人的遗嘱因为要件缺失，最后变成无效的遗嘱，所以他想知道，什么样的遗嘱才是有效的？

律师说法

一份合法有效的遗嘱必须满足以下要件：

（1）遗嘱人必须具有完全的民事行为能力。无民事行为能力人或者限制民事行为能力人所立的遗嘱无效。

（2）遗嘱的内容必须是遗嘱人的真实意思表示。受胁迫、欺骗所立的遗嘱无效。伪造的遗嘱无效。遗嘱被篡改的，篡改的内容无效。

（3）遗嘱内容必须保留强制性的抚养义务。即遗嘱应当对缺乏劳动能力又没有生活来源的继承人保留必要的遗产份额。

（4）遗嘱内容必须是处分自己合法所有的财产。

（5）遗嘱内容不得违背社会公共利益和社会公德。

4. 遗嘱公证很重要，并非强制要自愿！

李老先生 70 多岁，有两个儿子。大儿子在国内，是一名企业职工，对李老先生并不是很好，两人经常拌嘴吵架。小儿子由于年轻的时候学习成绩优秀，后来出国留学并定居国外。虽然小儿子离李老先生很远，但爷俩的关系却很亲近，只要有机会回国，他就肯定会照顾父亲一段时间，所以李老先生很喜欢小儿子。随着父亲年龄的增长，小儿子提出将父亲接到国外居住，以方便赡养，可故土难离的李老先认为国外可能不适合自己，所以并未同意出国定居。李老先生名下最贵重的财产就是某市二环内的一套两居室住房，现在由李老先生一人独居。李老先生打算将这套房子交给小儿子继承，可听说遗嘱公证要收费，所以他想知道，遗嘱公证是否必须做？

律师说法

遗嘱公证只是遗嘱的形式，的确是要向公证机构缴纳一定费用的。为什么要进行遗嘱公证？原因就在于当出现多份遗嘱的情况时，公证过的遗嘱效力要高于未经公证的遗嘱。尤其在当今社会，一套房产的价值对于一个普通家庭来说，绝对是重要的财产组成部分，但房管登记部门并没有权力和能力调查遗嘱的真伪，因此需要较长的公示时间，一般是三个月甚至更长，这往往会影响继承房产的效率，所以有些地方的公证机构也专门为 70 岁以上的老人开了绿色通道，对公证费或减或免。

遗嘱公证并非强制性要求，但做了公证的遗嘱效力更高。

5. 什么是遗嘱见证人？

冯奶奶没念过书，所以并不识字，好在她的三个子女都很争气，均是大学学历。老大由于住得跟冯奶奶很近，平日里没少陪着冯奶奶。老二是个个体户，虽然平日里来得少，但冯奶奶的生活用品从来没缺少过，都是老二给置办。老三有点特殊，由于工伤一直在家休养。2018 年，冯奶奶突发疾病去世，关于遗产继承问题，几个子女产生了争议，老大说冯奶奶活着的时候曾亲口跟自己说遗产由自己一个人继承。老二和老三提出质疑：是否有见证人能证明此事？没有见证人证明，哥俩可不认可。那么，什么是遗嘱见证人？

律师说法

遗嘱见证人，就是遗嘱人在进行代书遗嘱、录音遗嘱、口头遗嘱时邀请亲临遗嘱现场，以耳闻目睹的形式证明所立遗嘱内容的人。根据我国法律规定，除了公证遗嘱和自书遗嘱外，口头遗嘱、录音录像遗嘱以及代书遗嘱必须有两名以上的见证人在场见证。

遗嘱见证人提供的证据真实与否，直接关系到遗嘱是否有效，所以对遗嘱见证人也有一定的要求：

（1）遗嘱见证人应当具有完全的民事行为能力。

（2）遗嘱见证人能够看懂或者理解遗嘱的全部内容。有些人虽然具备完全的民事行为能力，但不一定具备遗嘱见证的能力，如文盲或者聋哑人。

（3）遗嘱见证人必须与遗嘱人、继承人没有利害关系。

6. 合立遗嘱图方便，出现纠纷很麻烦！

王老汉夫妇一直和大儿子居住，大儿子一直照顾二老的饮食起居，在外人眼里是个不折不扣的大孝子。随着年龄的增长，王老汉夫妇决定合立一份遗嘱，遗嘱载明：王老汉夫妻二人一直与大儿子王某生活，夫妻二人名下一套位于某地的两居室房屋属于夫妻共同财产，如有一方先去世，则由健在的一方继承去世方房产份额。待另一方去世后，房屋全部由大儿子继承。该遗嘱由王老汉书写，末尾处载明“虽然老伴不识字，但本遗嘱完全符合老伴的意愿”。但王老汉的老伴由于不识字，所以并未在遗嘱上签字。5年后，王老汉夫妇相继去世，大儿子拿着遗嘱去房产部门过户房产时，遭到两个弟弟的反对，并被起诉到法院。

律师说法

王老汉夫妻二人合立遗嘱不符合我国法定的遗嘱形式。虽然合立遗嘱没有被法律明确禁止，也的确在日常生活中存在，但合立遗嘱必须符合自书遗嘱的法定要件，即能够认定是夫妻二人共同的真实意思表示。而本案中的遗嘱虽然有写王老汉的老伴认可遗嘱内容，但并没有老伴的签字，所以不符合自书遗嘱的有效要件，因此只能认定王老汉对自己财产处分的遗嘱内容有效。王老汉先于老伴去世，故王老汉的遗产由老伴继承，而老伴去世后并未留有有效遗嘱，因此全部的遗产只能按照法定继承处理，所以王老汉的大儿子不能继承房屋的全部份额。

7. 打印遗嘱很方便，出现纠纷很麻烦！

金大爷早年丧偶，但为了不让两个子女受气，一直未娶，独立抚养两个子女成年。子女成年后有了自己的生活，金大爷开始独居。独居的生活令金大爷很难受，原来子女在身边的时候还好，可现在子女都有了自己的生活，这寂寞的晚年生活令金大爷有种凄凉的感觉。后经人介绍，金大爷认识了也是单身的刘大妈，经过半年的了解，二人结婚。婚后前几年，他们的生活很幸福，也得到了彼此子女的认可和祝福。2018 年年初金大爷病重住院，于年中去世。就在子女们给金大爷操持丧事的时候，刘大妈拿出一张打印好并有金大爷签字的遗嘱，上面载明金大爷名下所有遗产由刘大妈继承。可这张遗嘱上除金大爷的签字外，其他内容都是打印的，这让金大爷的两个子女对这份遗嘱提出了质疑，在双方协商无果的情况下，金大爷的子女诉至法院。

律师说法

打印遗嘱是我国《民法典》新增的一种遗嘱形式。根据《民法典》的规定，打印遗嘱应当有两个以上见证人在场见证，遗嘱人和见证人应当在遗嘱每一页签名，并注明年、月、日。回到本案中，除非刘大妈能够找到人证或者录像资料证明这份遗嘱是金大爷出于自愿打印的（其实这份证据很难找，因为金大爷立遗嘱时已经病重住院，让一个患有重病且住院的老人亲自打印一份遗嘱，很难做到），否则很难被法院认可和采信，那么本案中的遗产只能按照法定继承进行继承。再一次提示，如果是打印的遗嘱，务必请见证人在旁见证，并在遗嘱上签字按手印。

8. 公证遗嘱虽然好，行为能力更重要！

李大爷和王大婶虽然属于再婚夫妻，但风风雨雨过了十几年，也算是风雨同舟，患难与共。2017年，李大爷突发心脑血管疾病去世，李大爷的几个子女和王大婶因遗产继承问题发生争议，进而诉至法院。王大婶拿出一份2016年经某公证处公证的遗嘱，上面载明李大爷名下的所有财产由王大婶一人继承。可原本信心满满的王大婶在法庭上却被李大爷的子女反戈一击，他们向法院提交了病历和诊断证明及诊断记录，显示李大爷早在2015年就患上了轻度老年痴呆症。后经司法鉴定，也印证了李大爷子女提供的证据，李大爷立遗嘱期间患有器质性智能损害（痴呆），属于限制民事行为能力人。

律师说法

根据我国法律规定，无民事行为能力或者限制民事行为能力人所立遗嘱无效。本案中，虽然王大婶提交了2016年由某公证处公证的遗嘱，但基于司法鉴定的结论，李大爷早在2015年就出现了痴呆的病症，虽然痴呆的病症有轻有重，但均属于目前无法治愈的疾病。可能在公证处做公证的时候，公证员无法发现轻度痴呆患者表现出的异样，可能李大爷的真实意愿也并非让自己的财产全部由王大婶继承。该公证遗嘱有严重的法律瑕疵，不符合公证遗嘱的合法要件，因此不会被法院认可。

李大爷名下的财产将按照法定继承进行继承。再一次提示，患有某种影响行为能力疾病的遗嘱人，在立遗嘱之前，一定要去做行为能力鉴定，避免日后因行为能力有问题导致遗嘱无效。

9. 折算工龄的公房，在继承时，是否属于夫妻共同财产？

邱先生和李女士是一对夫妻，居住在公租房里。李女士于1995年因病去世。1998年实行房改，邱先生和单位签订《房改协议》，缴纳全部购房款。2001年起房屋产权登记在邱先生个人名下，房本上载明该房屋为邱先生单独所有。同年7月，邱先生在某公证处立下公证遗嘱，将该房屋作为遗产留给大闺女继承。2018年邱先生去世后，大闺女办理房产过户，被告知需要其他法定继承人配合。其他几个子女听说父亲的房子给了大姐，均表示，这套房子里面含有母亲李女士的40年工龄折算，所以这套房子应当属于夫妻共同财产，父亲邱先生不能单独处分属于李女士的那部分房产份额。另外几个子女和大姐协商不成，遂起诉到某法院，要求按照法定继承来继承母亲的份额。

律师说法

本案的核心问题在于邱先生使用已故配偶李女士工龄折算购买的公租房，能否被认定为夫妻共同财产，针对这个问题，并没有直接的法律规定。但就现在的法律框架及司法实践，由于已故的李女士作为工龄折算方既没有实际出资，也没有参与房屋买卖合同的签订、履行以及共有权利的权属登记，最后法院仍然认为使用已故配偶工龄购买的房屋不能被认定为夫妻共同财产。但是，考虑到邱先生名下的房屋中也应当含有已故配偶的相应权益，根据公平原则，在遗产分配上应当给予其他法定继承人一定的补偿，所以法院在认可邱先生遗愿和公证遗嘱有效的前提下，让大闺女向其他法定继承人支付若干补偿款。

10. 遗赠时限要知道，否则权益变无效！

李某自小和爷爷生活在一起，跟爷爷的关系非常好。随着爷爷年龄的增长，爷爷和奶奶商量后，便在李某的陪同下，于2007年9月2日去某公证处做了遗赠公证，遗赠协议载明爷爷和奶奶将现在居住的房子于自己百年后遗赠给李某。2010年4月和2016年5月，爷爷奶奶分别去世，由于这套房子一直由李某居住，所以李某继承后也并未办理过户手续。直到2018年5月，李某要结婚，准备卖掉这套房产换一套大一点的房产，才去办理过户，但被告知要其他法定继承人签字。李某找到爷爷的几个子女商量此事，但他们认为遗赠已过时效，该房产应当按照法定继承处理。此事协商无果，便诉至法院解决。

律师说法

李某的爷爷和奶奶作为遗嘱人可以将自己的房产分配给法定继承人之外的人，这在法律上叫作遗赠。李某作为孙子并不属于法定继承人，所以将爷爷和奶奶留下的遗产给予李某的话，应当属于遗赠。根据我国法律规定，受遗赠人自知道或者应当知道受遗赠的六十日内明确表示接受遗赠，否则遗赠无效。本案中，李某明知爷爷和奶奶将房产遗赠给自己，但直到发生纠纷之前，近两年的时间内均未向其他法定继承人表示过接受遗赠，未向其他主管部门主张权利，也未向司法机关起诉，已经过了遗赠认可时效，所以无法认定李某在法定期限内作出了明确接受遗赠的意思表示，本遗赠自动失效，房屋将按照法定继承处理。

提醒广大老年人注意，如果要将自己的房子遗赠给他人，建议在遗嘱中明确写明六十日的遗赠认可期，避免自己的遗愿落空。

11. 什么是遗赠扶养协议？

吴某是某国企的退休职工，一生未娶，所以也没有子女给他养老。吴某名下有一套两居室的房产，每月有固定的退休金，所以吃穿不愁。可随着年龄的增长，养老的问题一直困扰着吴某。这时候，朋友杨某告诉他，咱们国家有一种养老制度，只要与他人签订遗赠扶养协议，对方就要负责给老人养老，非常适合没儿没女的老人颐养天年。那么，到底什么是遗赠扶养协议？

律师说法

根据我国法律规定，公民可以与扶养人签订遗赠扶养协议。按照协议，扶养人承担该公民生养死葬的义务，享有受遗赠的权利。公民可以与集体所有制组织签订遗赠扶养协议。按照协议，集体所有制组织承担该公民生养死葬的义务，享有受遗赠的权利。继承开始后，按照法定继承办理；有遗嘱的，按照遗嘱继承或者遗赠办理；有遗赠扶养协议的，按照协议办理。

12. 遗赠扶养协议签订后，可以撤销吗？

吴某在了解什么是遗赠扶养后，便找到平时和自己关系不错的侄子小吴，向其表达了让其扶养自己，待将来自己去世后由其继承遗产的愿望。小吴原本就和叔叔关系很好，看着孤苦伶仃的吴某，很痛快地就答应了此事，双方也为此签订遗赠扶养协议，约定由小吴照顾吴某的起居生活及死后事宜，待吴某去世后，吴某的所有财产由小吴继承。协议签订后，吴某就将自己名下的 20 万元存款打到小吴的账户上，并告诉小吴就从里面支钱用于照顾自己的生活。可没过多久，吴某竟然发现小吴吸毒，并且根本不听人劝，所以他担心自己的养老钱被小吴挥霍一空，便找到小吴索要。但小吴以两人已签订遗赠扶养协议为由，拒绝返还。那么，吴某是否可以撤销遗赠扶养协议并讨回钱款？

律师说法

本案中，吴某与小吴签订遗赠扶养协议后，吴某的钱款和房产只有在其去世后才转移到小吴名下。虽然20万元钱款是吴某主动打到小吴账户上的，但小吴是个吸毒的瘾君子，并不具备给吴某养老送终的能力，直接威胁了吴某的养老环境，所以吴某可以解除与小吴的遗赠扶养协议，并要回之前转给小吴的20万元。

提醒广大老年朋友注意，遗赠扶养协议涉及的财产是要等到老年人去世后才转移到义务人名下的，所以不要在协议签订后就直接打钱给对方，避免出现自己权益受损的情况。

13. 老年人再婚的，是否可以变更遗赠继承？

郭大爷早年丧偶，一直未再结婚，自己将几个子女拉扯大，儿女长大成人后，便相继去了外地工作生活。独守晚年生活的郭大爷经他人介绍，与小自己5岁的吴某登记结婚，并签订了再婚财产约定，上面写明二人结婚后，郭大爷的一套两居室赠与吴某。再婚财产约定经过公证，房产过户到吴某名下。二人婚后度过了10年的快乐生活。郭大爷去世后，他的孙子小郭拿出一张15年前郭大爷立的遗嘱，里面约定这套两居室由孙子小郭继承。现在的问题是，郭大爷与吴某的再婚财产约定是否可以变更之前的遗赠？

律师说法

赠与合同是赠与人将自己的财产无偿给予受赠人，受赠人表示接受赠与的合同。本案中，虽然郭大爷在再婚前立过一份遗嘱，将房产指定由孙子小郭继承，但是，郭大爷再婚时将房产赠与吴某，并办理了公证和过户手续，说明赠与已经完成，郭大爷去世后，这套房产已经不属于郭大爷的遗产，导致遗赠无效。所以郭大爷的孙子小郭无权主张继承该套房产！

14. 遗赠扶养协议是否可以对抗法定继承？

陈师傅67岁，是个退休老职工，丧偶后一直与儿子关系不融洽，甚至恶化，儿子几乎不再与陈师傅来往，陈师傅便找了个保姆照顾自己。一年之后，陈师傅与保姆签订遗赠扶养协议，载明：保姆负责照顾陈师傅起居生活及看病照料等，待陈师傅过世后，由保姆办理丧葬事宜，所需费用由保姆支付；陈师傅过世后，他的位于某地的一套两居室由保姆所有，如果保姆不履行扶养义务，陈师傅有权取消扶养协议。该协议在某公证处办理了公证。

陈师傅两年后去世，保姆在两年间也按照协议履行了扶养义务。之后，儿子找到保姆要求继承该套两居室，并因遗赠扶养协议之事与保姆发生纠纷，遂起诉至法院。

律师说法

本案中，陈师傅和保姆签订遗赠扶养协议，保姆也尽了扶养义务。依据我国法律规定，遗赠扶养协议的效力高于法定继承，而陈师傅的儿子属于法定继承人，他只能待保姆将房产过户之后继承陈师傅其他的遗产。也就是有效的遗赠扶养协议是可以对抗法定继承的。

15. 什么是遗嘱执行人？

欧阳大爷是个生意人，年轻时打拼并积累了可观的财富。随着年龄的增长，他照样每天不是出差就是谈生意，虽然现在身体还算健康，但保不齐哪天就会被疾病击倒，毕竟现在老年人因疾病突然去世的新闻实在太多了。欧阳大爷有3个子女，他担心子女们会争家产，所以决定立一个遗嘱，可遗嘱订立之后，该怎么执行和落实呢？所以他想知道，什么是遗嘱执行人？

律师说法

顾名思义，遗嘱执行人就是有权利执行遗嘱的人。正因为遗嘱是被继承人死亡后才发生法律效力的，所以必须交由他人执行。因为执行遗嘱是一种民事法律行为，所以就要求遗嘱执行人也必须是完全民事行为能力人。

司法实践中，在我国有三种形式的遗嘱执行人：

（1）遗嘱人在所立遗嘱中指定一名遗嘱执行人。

（2）遗嘱人的法定继承人可以成为遗嘱执行人。

（3）如果前两者均缺失，还可以由遗嘱人生前所在单位或者继承开始地的基层组织作为遗嘱执行人，包括村委会和居委会。

遗嘱执行人都有哪些权利和义务呢？

（1）遗嘱执行人有权查明遗嘱的合法性和真实性。遗嘱执行人应当对遗嘱形式是否合法进行审查，弄清楚遗嘱的内容和遗嘱人的真实意图。

（2）遗嘱执行人有权查清遗产的真实情况，并编制遗产清单。如果有的遗产被他人占据，要提醒遗嘱人，保证遗产不会有遗漏，明确遗产的范围。

（3）遗嘱执行人有权管理遗产。遗嘱执行人要按照遗嘱人的要求管理财产，不得私自占有和使用遗产获利。

（4）遗嘱执行人有权召集继承人并公开遗嘱内容，按照遗嘱内容分配遗产，应当诚信地履行自己的职责，并有权排除遗嘱继承过程中的各种阻碍。

我们在此提醒广大老年朋友，如果您要指定遗嘱执行人，建议考虑三个要素：

（1）是否信任？只有能够获得您信任的人，才能将遗产大事托付给他，成为您遗产的执行人。

（2）是否有能力？遗嘱执行人要具有执行遗嘱内容的魄力，

不能是胆小怕事的人。

（3）毫无保留地交底。遗嘱人要将自己的真实想法毫无保留地交代给遗嘱执行人，以保障遗嘱人的真实意图不落空。

16. 老年人的财产将来会被谁继承？

钟某原本生活在一个热闹的大家庭里，膝下一儿一女都有不错的工作和收入，还都给钟某添了孙子和外孙女。可大儿子在工作中猝死，让原本热闹的家变得冷清起来，钟某的老伴更是因此深受打击，于半年后病逝。钟某和老伴在婚姻关系存续期间有两套房产，一套平时由自己和小女儿居住，另一套则用于出租。钟某为了方便照看孙子，并补贴儿媳妇的生活，便搬去和儿媳妇住。可一年后，钟某由于和儿媳妇关系不太好，准备回家居住，却被自己的亲生女儿告知房子已经卖了，剩下的一套房子正在出租中，所以让她还是回去跟儿媳妇居住。钟某又生气又难受，她担心自己的女儿被人骗了，怎么才一年的时间就把自己的房子卖了呢？所以钟某想知道，他们家的财产将来有可能会被谁继承？被卖掉的房子能不能要回来？

律师说法

首先，我们应该搞清楚钟某的财产有哪些。根据我国法律规定，夫妻在婚姻关系存续期间所得的财产，归夫妻共同所有。

应当先将共同财产分出一半，计算成钟某的财产，其余的算作去世老伴的遗产。钟某有两套房子，如果房屋价值差不多的话，可以认为钟某和老伴一人一套。

其次，我们要搞清楚钟某老伴的遗产继承人范围。从本案来看，由于没有遗嘱，所以钟某老伴遗产的法定继承人范围包括钟某、小女儿。这俩人可以继承钟某老伴的遗产。

再次，钟某自己的财产可以通过立遗嘱的形式确定继承人，也可以待百年之后按照法定继承处理。

最后，由于小女儿卖的房子存在法律瑕疵，钟某可以通过诉讼要回。如果属于善意第三人购买的，钟某可以起诉小女儿，要回房款，并要求赔偿损失。

17. 老年人被不孝儿女逼迫写遗嘱，该怎么办？

陈大爷80多岁，老伴20年前就已经去世了，他一直单身。陈大爷膝下有两个子女，大女儿平时待他不错，隔三岔五就过来看望他。小儿子虽然最受陈大爷喜欢，可他从小不学无术，长大后更是沾染上赌博的恶习。陈大爷名下只有一套房子，因为所处地段不错，并且随着近年来房价的上涨，肯定能卖个好价格。某天，在外又欠了赌债的小儿子找到陈大爷，逼迫陈大爷立了一份遗嘱，写明将来陈大爷去世后，这套房子归小儿子。那么在这种情况下，陈大爷该怎么办？

律师说法

老年人在年老体弱的时候，希望有人照顾自己，但又很担心子女争夺遗产。有的子女，如本案中的小儿子，虎视眈眈地盯着老人的财产，并逼迫老年人在违背自己意愿的情况下书写遗嘱。其实在这种情况下老年人也不必担心，先稳住子女的情绪，按照他们的意思写一份遗嘱，待自己恢复自由后再另外写一份遗嘱，并声明前一份遗嘱作废即可。

18. 老年人立了多份遗嘱，哪份遗嘱有效？

李大爷是某国企的退休职工，老伴去世多年，膝下有两个儿子和两个闺女，由于李大爷年轻的时候对这些子女非常严格，所以他们和李大爷的关系并不是很亲近。这一年，李大爷突发重病，两个闺女突然变得殷勤起来，对他嘘寒问暖。见闺女如此尽心照顾自己，李大爷出院后，在感动之余给两个闺女写了一份遗嘱，说待自己去世后，自己的财产由两个闺女继承。第二年，李大爷又因为疾病住院，但两个闺女却以工作繁忙为由，不见了踪影。病床上的李大爷只能给两个儿子打电话，毕竟是自己的父亲，两个儿子就决定轮流照顾李大爷，虽然他们不如两个闺女照顾得细致，但也按时来医院照顾。感动于儿子的孝心，病床上的李大爷又大笔一挥，写了一份遗嘱，大概内容是待自己去世后，自己的全部财产由两个儿子继承。那么，问题来了，在这种情况下，哪份遗嘱有效呢？

律师说法

老年人出于各种原因可能会立多份遗嘱，且遗嘱内容相互抵触。司法实践中，最后立的遗嘱有效，视为变更或者撤销了前面立的遗嘱，应以最后立的遗嘱为准。

19. 被送养的子女还能继承亲生父母的遗产吗？

王某 78 岁，老伴 81 岁，二人膝下有三个子女，但他们曾经济困难，第三个孩子刚出生就被送给别人收养，并办理了收养手续。现在老三已经改名为赵某，她看到二老年事已高，经常过来照顾二老，但并没有解除与养父母的关系。这让王某和老伴很惭愧，他们觉得对赵某亏欠太多，便决定名下的一套房产的部分份额以遗嘱的形式将由赵某继承。但孝顺的赵某告诉二老，遗嘱就别写了，她担心另外的两个子女会因此事和二老发生矛盾，所以二老便没有立遗嘱。5 年后，两位老人相继去世，那么在这种情况下，赵某是否有权继承亲生父母的遗产呢？

律师说法

根据我国法律规定，自收养关系成立之日起，养父母与养子女间的权利义务关系，适用法律关于父母子女关系的规定；养子女与养父母的近亲属间的权利义务关系，适用法律关于子女与父母的近亲属关系的规定。养子女与生父母及其他近亲属间的权利义务关系，因收养关系的成立而消除。收养关系解除后，养子女与养父母及其他近亲属间的权利义务关系即行消除，与生父母及其他近亲属间的权利义务关系自行恢复，但成年养子女与生父母及其他近亲属间的权利义务关系是否恢复，可以协商确定。国家保护合法的收养关系。养父母和养子女间的权利和义务，适用法律对父母子女关系的有关规定。据此可知，由于赵某小时候已经被亲生父母送养，和他人形成了收养关系，且不存在解除收养的情形，所以她无法继承亲生父母的遗产。

20. 没过门的准儿媳能继承准公婆的遗产吗？

高某夫妇有个独子小高，小高一直没有结婚，这成了老两口的心病。后经人介绍，小高处了个对象小李。小李性格开朗、温和善良。两个人处了两年时间之后，准备结婚。可天有不测风云，小高在一次出差过程中发生交通事故去世。高某夫妇悲痛欲绝，小李跟小高已经建立了深厚的感情，对此也是伤心难耐。之后的日子里，小李并没有因为小高的去世而疏远二老，几年下来，她已经把二老当成了自己的亲人，对二老的照顾非常细心，甚至比亲生子女照顾得都好，这也让二老很感激，很欣慰。现在二老想知道，在没有遗嘱的情况下，小李是否能够继承他们的遗产？

律师说法

根据我国法律规定，丧偶儿媳对公、婆，丧偶女婿对岳父、岳母，尽了主要赡养义务的，作为第一顺序继承人。但是本案的特殊之处在于，小高和小李并未结婚，所以小李只是准儿媳，而非丧偶儿媳。那么小李是否就不能继承二老的遗产了呢？答案是，小李有权分得适当部分份额的遗产。依据是：对继承人以外的依靠被继承人扶养的缺乏劳动能力又没有生活来源的人，或者继承人以外的对被继承人扶养较多的人，可以分配给他们适当的遗产。小李对高某夫妇扶养较多，因此可以分得适当遗产。

热线咨询

1. 哪些财产属于遗产?

遗产是公民死亡时遗留的个人合法财产，包括：公民的收入；公民的房屋、储蓄和生活用品；公民的林木、牲畜和家禽；公民的文物、图书资料；法律允许公民所有的生产资料；公民的著作权、专利权中的财产权利；公民的其他合法财产。

2. 法定继承人的范围和继承顺序是怎样的?

遗产按照下列顺序继承：第一顺序：配偶、子女、父母。第二顺序：兄弟姐妹、祖父母、外祖父母。继承开始后，由第一顺序继承人继承，第二顺序继承人不继承。没有第一顺序继承人继承的，由第二顺序继承人继承。子女，包括婚生子女、非婚生子女、养子女和有扶养关系的继子女。父母，包括生父母、养父母和有扶养关系的继父母。兄弟姐妹，包括同父母的兄弟姐妹、同父异母或者同母异父的兄弟姐妹、养兄弟姐妹、有扶养关系的继兄弟姐妹。

此外，被继承人的子女先于被继承人死亡的，由被继承人的子女的晚辈直系血亲代位继承。被继承人的兄弟姐妹先于被继承人死亡的，由被继承人的兄弟姐妹的子女代位继承。丧偶儿媳对公、婆，丧偶女婿对岳父、岳母，尽了主要赡养义务的，作为第一顺序继承人。

3. 在什么情况下，遗产可以按照法定继承办理？

有下列情形之一的，遗产中的有关部分按照法定继承办理：

（1）遗嘱继承人放弃继承或者受遗赠人放弃受遗赠的。

（2）遗嘱继承人丧失继承权的。

（3）遗嘱继承人、受遗赠人先于遗嘱人死亡的。

（4）遗嘱无效部分所涉及的遗产。

（5）遗嘱未处分的遗产。

（6）遗产分割时，应当保留胎儿的继承份额。胎儿出生时是死体的，保留的份额按照法定继承办理。

4. 法定继承是平均分割遗产吗？

同一顺序继承人继承遗产的份额，一般应当均等。对生活有特殊困难的缺乏劳动能力的继承人，分配遗产时，应当予以照顾。对被继承人尽了主要扶养义务或者与被继承人共同生活的继承人，分配遗产时，可以多分。有扶养能力和有扶养条件的继承人，不尽扶养义务的，分配遗产时，应当不分或者少分。继承人协商同意的，也可以不均等。

此外，对继承人以外的依靠被继承人扶养的缺乏劳动能力又没有生活来源的人，或者继承人以外的对被继承人扶养较多的人，可以分给他们适当的遗产。

5. 办理遗嘱公证需要提交什么材料?

申办遗嘱公证，遗嘱人应当填写公证申请表，并提交下列证件和材料：

（1）居民身份证或者其他身份证件。

（2）遗嘱涉及的不动产、交通工具或者其他有产权凭证的财产的产权证明。

（3）公证人员认为应当提交的其他材料。

6. 老年人办理遗嘱公证时，公证员应注意哪些问题?

公证人员询问遗嘱人，除见证人、翻译人员外，其他人员一般不得在场。公证人员与遗嘱人谈话必须制作谈话笔录，谈话笔录应当着重记录下列内容：

（1）遗嘱人的身体状况、精神状况；遗嘱人系老年人、间歇性精神病人、危重伤病人的，还应当记录其对事物的识别、反应能力。

（2）遗嘱人家庭成员情况，包括其配偶、子女、父母及与其共同生活人员的基本情况。

（3）遗嘱所处分财产的情况，是否属于遗嘱人个人所有，以前是否曾以遗嘱或者遗赠扶养协议等方式进行过处分，有无已设立担保、已被查封、扣押等限制所有权的情况。

（4）遗嘱人所提供的遗嘱或者遗嘱草稿的形成时间、地点和过程，是自书还是代书，是否本人的真实意愿，有无修改、补充，对遗产的处分是否附有条件；代书人的情况，遗嘱或者遗嘱草稿上的签名、盖章或者手印是否其本人所为。

（5）遗嘱人未提供遗嘱或者遗嘱草稿的，应当详细记录其处分遗产的意思表示。

（6）是否指定遗嘱执行人及遗嘱执行人的基本情况。

（7）公证人员认为应当询问的其他内容。

谈话笔录应当当场向遗嘱人宣读或者由遗嘱人阅读，遗嘱人无异议后，遗嘱人、公证人员、见证人应当在笔录上签名。

7. 遗嘱应当包括哪些内容?

遗嘱应当包括以下内容：

（1）遗嘱人的姓名、性别、出生日期、住址。

（2）遗嘱处分的财产状况（名称、数量、所在地点以及是否共有、抵押等）。

（3）对财产和其他事务的具体处理意见。

（4）有遗嘱执行人的，应当写明执行人的姓名、性别、年龄、住址等。

（5）遗嘱制作的日期以及遗嘱人的签名。

遗嘱中一般不得包括与处分财产及处理死亡后事宜无关的

内容。

8. 在什么情况下，公证遗嘱会进行录音或者录像？

公证人员发现有下列情形之一的，公证人员在与遗嘱人谈话时应当录音或者录像：

（1）遗嘱人年老体弱。

（2）遗嘱人为危重伤病人。

（3）遗嘱人为聋、哑、盲人。

（4）遗嘱人为间歇性精神病患者、弱智者。

9. 符合什么条件，公证处就会出具遗嘱公证书？

对于符合下列条件的，公证处应当出具公证书：

（1）遗嘱人身份属实，具有完全民事行为能力。

（2）遗嘱人意思表示真实。

（3）遗嘱人证明或者保证所处分的财产是其个人财产。

（4）遗嘱内容不违反法律规定和社会公共利益，内容完备，文字表述准确，签名、制作日期齐全。

（5）办证程序符合规定。

10. 继承从何时开始？

继承从被继承人生理死亡或被宣告死亡时开始。失踪人被宣告死亡的，以法院判决中确定的失踪人的死亡日期为继承开始的时间。相互有继承关系的几个人在同一事件中死亡，如不能确定死亡先后时间的，推定没有继承人的人先死亡。死亡人各自都有继承人的，如几个死亡人辈分不同，推定长辈先死亡；几个死亡人辈分相同，推定同时死亡，彼此不发生继承，由他们各自的继承人分别继承。

11. 老年人的儿子丧失继承权，那么孙子还能代位继承吗？

老年人的子女因法定原因，如严重虐待、杀害被继承人，杀害其他继承人等，致使该子女丧失继承权的，其晚辈直系血亲不得代位继承。若该子女的晚辈直系血亲缺乏劳动能力又没有生活来源，或对被继承人尽赡养义务较多的，可适当分给遗产。

12. 不同继承人分别提出法定继承、遗嘱继承、遗赠、遗赠扶养协议诉求的，如何处理？

司法实践中，如果不同的继承人，如配偶、子女、孙子女等，在一起继承案件中分别提出法定继承、遗嘱继承、遗赠、遗赠扶养协议诉讼请求的，原则上可以一并审理，案由也可以列为继承纠纷。但是，若当事人众多，且不同种类的继承诉求一并审理不便于诉讼的，法院也会释明法理后，告知当事人分别起诉处理。

13. 未析产的共有财产如何继承？案外人对遗产有争议如何处理？

在继承案件中，如果有的共有财产未进行析产，且共有财产的共有权人均作为继承案件当事人参加诉讼的，法院一般会释明法理后，告知当事人提出分家析产的诉讼请求，在继承案件中一并审理。如果此时当事人仍不提出分家析产，坚持对全部共有财产提出继承请求的，人民法院会驳回诉讼请求。

此外，如果遗产涉及案外人主张权益，确有证据表明案外人与继承的遗产存在权属争议的，且案外人不是家庭成员，也不是继承纠纷当事人的，由于案件无法一并审理，法院应当释明法理后，告知当事人另案先行处理该权属纠纷。

14. 继承诉讼中有可能存在其他继承人的，怎么办？

司法实践中，在继承诉讼案件中，如果有初步证据表明可能有其他未参加诉讼的继承人存在，人民法院在诉讼审判中会依职权进行调查核实。但是，依当事人提供的已有证据及人民法院依职权调查核实的证据均无法证明该自然人的存在及继承人身份的，人民法院不予追加。

现实中，由于部分继承案件涉及的亲属关系事实时间跨度非常大，在旧有信息保存技术不充分、不发达的情况下，很多事实的确难以精确还原。实践中常出现有证据显示仍有其他继承人存在，但穷尽现有手段仍无法获得其准确身份信息的情况。对于这种情况，实践中做法不一，争议较大。有的人民法院以证据不足不予追加，有的则在判决中留下相应份额。即使将来出现真实情况与认定的判决事实不一致，也可以通过审判监督程序解决这一新事实变化引发的问题。

15. 农村的房屋，老年人能否遗赠给城里人？

老年人生前将农村宅基地上房屋遗赠给本集体经济组织以外或者具有城镇户口的人，受遗赠人在遗赠人去世后主张因遗赠取得宅基地上房屋所有权而提起诉讼的，人民法院不予支持。

由于将农村宅基地上的房屋出售给集体经济组织以外的人被明确禁止并认定为无效，所以实践中存在的以遗赠形式将宅基地上房屋权益转给集体经济组织以外的人的情况，实际上造成了宅基地上房屋的流转。虽然宅基地上房屋可以依法进行继承，但这只是对基于亲缘关系的宅基地上房屋流转的特殊认可，并不意味着没有亲属身份关系的人可以通过遗赠形式合法取得宅基地上房屋。如果允许不具有本村集体组织成员身份的人基于遗赠获得房屋的所有权，会造成农村房地资源的流失，故不会被法律所认可。

16. 在农村，老年人和部分子女共处一户，老年人去世后，其他子女主张继承房屋的，怎么办?

在农村家庭中，部分子女与老年人分家另过，部分子女与老年人共为一户且未新分得宅基地。老年人死亡时，已分家另过的子女诉讼主张对相应宅基地上房屋进行继承的，人民法院不予支持。人民法院应释明当事人可以对相应宅基地上房屋折算价值主张继承。

此外，上述分家另过子女仍为农村集体经济组织成员身份且未取得农村宅基地的，主张相应宅基地上房屋权利的，则应当予以支持。

17. 在农村，对老年人生前房屋翻新扩建做出较多贡献的人，是否可以主张继承宅基地权利?

在农村，对老年人生前宅基地上房屋翻新扩建确存在贡献的人，据此主张享有宅基地上房屋共有权或增加相应继承份额的，由于这种主张混淆了两种不同的法律关系，即基于继承获得的物权请求权和基于翻新扩建贡献的债权请求权，所以人民法院不予支持。对于其据此主张的相应补偿请求，人民法院应根据相应证据，尊重风俗习惯，从公平角度出发，在判断法律关系性质属于赠与、亲属间无偿帮扶抑或债务的基础上，确定是否支持。

18. 在城市，未经审批的翻建、改建、扩建房屋，能否作为遗产继承？

老年人生前未经审批，擅自翻建、改建、扩建房屋，没有取得新的房本或者经明确无法办理新房本，继承人要求继承该房屋及分割使用的，人民法院应予支持。但为防止当事人利用法院判决将违建合法化，法院在确定继承分割该房产的同时应在判决中明确，该判决不作为拆迁补偿依据；并明确对于该房屋是否属于违建、能否取得房产证，应由相关行政主管部门依相关规定确定。

19. 老年人离婚时尚未分割的一方遗产，另一方能否主张权利？

老年人婚姻关系存续期间，夫妻一方作为继承人依法可以继承的遗产，在继承人之间尚未实际分割，起诉离婚时另一方请求分割的，人民法院应当告知当事人待继承人之间实际分割遗产后另行起诉。

此外，由于放弃继承是继承人基于特殊身份享有的合法权利，其行使无须征得配偶方同意，故在放弃继承后，配偶方以侵害夫妻共同财产权利为由请求确认另一方老年人放弃遗产继承的行为无效或请求损害赔偿的，法院将予以支持。

20. 公证遗嘱被撤销后，自书遗嘱、代书遗嘱、录音遗嘱是否有效？

老年人的公证遗嘱因公证程序本身存在瑕疵等原因而被撤销的，公证遗嘱丧失法律效力。但对于公证处在制作公证遗嘱过程中留存保管的当事人自行制作的自书遗嘱、代书遗嘱、录音遗嘱等，应结合《民法典》继承编及司法解释的相关规定对遗嘱效力作出认定。

21. 老年人立有多份遗嘱，最后一份遗嘱被撤销或者无效的，怎么办？

老年人生前立有数份内容相抵触的有效遗嘱，最后一份遗嘱被撤销的，在先的前一份遗嘱发生效力，但当事人对是否恢复在先遗嘱效力以及恢复哪一份遗嘱效力另有表示的除外。

22. 无法认定遗嘱真实性的，举证责任如何分配？

在继承诉讼中，原则上应由持有遗嘱并主张遗嘱真实的一方承担举证责任。但是，在因无法提供足够的鉴定对比样本而导致不能鉴定遗嘱笔迹的情况下，相关书证样本在对方当事人控制之下的，承担举证责任的当事人可以在举证期限届满前书面申请人民法院责令对方当事人提交。对方当事人无正当理由拒不提交的，人民法院可以认定申请人所主张的书证内容为真实。也就是说，如有证据证明一方当事人持有鉴定对比样本而拒不提供的，人民法院可根据案情确定由该方承担不利后果。

温馨贴士

老年人通过立遗嘱的方式处分遗产是一种普通民事法律行为，这种民事法律行为以老年人的意思表示为要素，以设立、变更、终止民事权利义务为目的。房产是养老的安身立命之所，没有舒心的住所，老年人的晚年生活将很难有质量保障，更难谈延年益寿。所以老年人对于自己的住房千万不能松手。老年人健在的时候，不能随意把房子过户到子女名下，多给自己一点生存的保障。如果子女在居住方面或者婚姻方面有困难，如女儿回娘家，老年朋友应当先保证自己的居住环境，在此前提下再考虑子女的居住问题。如果老年人膝下有多名子女，而有的子女和自己共同居住，一旦其他子女问及房产问题，要和其他子女讲清楚，避免因猜忌产生误会和纠纷。

第三章

社会保障

案例直击

1. 老年人返聘再就业没签合同，受伤了怎么办？

陈某是某公交总公司的工程师，退休后被某民营大巴公司聘用，但双方并未签订任何合同，只是口头约定每月工资5000元。虽然陈某已经到了退休年龄，但干劲依然十足，对大巴车的各种故障，他总能三下五除二地解决。但天有不测风云，人有旦夕祸福，在一次检修过程中，陈某被砸伤。陈某的家属找到用人单位索赔，但某民营大巴公司以陈某已经退休为由拒绝支付任何赔偿。那么，陈某应该怎么维权？

律师说法

陈某已经退休，又被某民营大巴公司聘用，虽然双方没有签订劳动合同，公司也没有给陈某上工伤保险，但双方仍属于雇佣关系。依据我国法律规定，雇员在从事雇佣活动中遭受人身损害的，雇主应当承担赔偿责任。雇佣关系以外的第三人造成雇员人身损害的，赔偿权利人可以请求第三人承担赔偿责任，也可以请求雇主承担赔偿责任。雇主承担赔偿责任后，可以向第三人追偿。所以，本案中的陈某可以起诉该民营大巴公司，由公司承担陈某的治疗费用和相关损失。

针对老年人返聘再就业，我们提示老年人注意以下两点：

（1）如果用人单位给被返聘的老年人上了工伤保险，老年人依法可以享受工伤保险待遇。

（2）如果用人单位之外的第三人造成老年人伤害，老年人可以依法起诉第三人。

2. 岳母吃了电视购物推荐的处方药，受到伤害谁来担责？

王某的岳母郭某患骨质增生，病痛伴随了她数十年，所以对她来说，如果能有一种药根治骨质增生，可就是“极好”的了。由于疾病阻碍了郭某的出行，电视便成了郭某了解外界的渠道。最近某电视购物频道在推广一种治疗骨质增生的特效药，看其介绍和功效对郭某所患疾病具有独特的治疗效果。谨慎起见，郭某根据电视购物频道的介绍联系该药品的销售公司，通过咨询，该药品销售代表告知了郭某以下信息：该药为遵医嘱的处方药，对治疗骨质增生具有特殊效果，所以建议郭某购买。最后，在医药销售代表的建议下，郭某购买了三个疗程的药品。郭某在服用该药之后出现浑身乏力、头晕呕吐等症状，被家人送去当地医院，诊断为重度肝损伤。事后郭某家人在和该药品的销售公司协商过程中，该公司声称自己没有责任，因为该药品说明书上已经明确写明，服用该药有可能造成肝脏损伤的后果，是郭某自己不看说明书，才造成如此严重的后果，所以拒绝承担任何责任。王某现在想知道其岳母遭遇的伤害后果，责任该由谁承担？

律师说法

依据我国法律规定，被侵权人对损害的发生也有过错的，可以减轻侵权人的责任。受害人对同一损害的发生或者扩大有故意、过失的，可以减轻或者免除赔偿义务人的赔偿责任。但侵权人因故意或者重大过失致人损害，受害人只有一般过失的，不减轻赔偿义务人的赔偿责任。确定赔偿义务人的赔偿责任时，受害人有重大过失的，可以减轻赔偿义务人的赔偿责任。我国有明确的规定，处方药应当在患者有医院处方之时才能销售给患者，而该药品销售公司明知郭某没有医生开具的处方，仍将该药出售给郭某，存在过错，应当承担主要责任。郭某在没有医生开具处方的情况下购买该药，并且在未认真阅读说明书的情况下服用，属于对用药过程中可能产生的不良反应未尽到注意义务和未采取必要措施，因此郭某应对其自身的损害后果承担次要责任。

3. 用工记录被销毁，用人单位需承担责任！

王某于20世纪60年代被某国企录用，被分配到焊工班，一直干到国企转制，双方终止了劳动关系。该国企曾给他提供证明，证明他从 1968 年 6 月起在该企业起工作，并在除灰车间焊工班从事焊工工作 30 年。后王某要求按照国家规定，向该企业申请办理退休手续，但因为用人单位的过失，导致王某的用工档案和相关凭证丢失，所以退休手续被拒，双方协商未果，王某遂将用人单位起诉至法院！

律师说法

用人单位已经为王某出具用工证明，证明王某在该用人单位从事焊工工作长达 30 年，由于用人单位的过失致用工档案和相关凭证丢失，最终导致王某无法办理退休手续，亦无法享受退休待遇，过错不在于王某，用人单位应当协助王某到劳动部门按照国企焊工工种为王某办理的退休手续。

4. 老年人晨跑被大树砸伤，谁来担责？

吴某是长跑爱好者，虽然已经退休，但依然坚持每天晨跑锻炼身体，风雨无阻。吴某家住海边，在台风时节经常会出现伤人事件。但这对吴某来说不算什么，他认为自己是练长跑的，身手敏捷，不会被伤害，而且在有台风的时候进行训练才更有助于提高技术和磨炼意志。某天，吴某像往常一样在外面长跑，突然狂风大作，大雨如注，一棵大树被狂风刮断，吴某一个躲闪不及就被树干砸到了腿部，后经医院诊断，吴某的小腿粉碎性骨折。后通过多方了解，该大树属于当地供电部门管理。但是吴某在与当地的供电部门协商赔偿时，供电部门认为，这是由天灾造成的不可抗力，因此拒绝承担任何责任。那么，此事该由谁承担责任呢？

律师说法

因不可抗力造成他人损害的，不承担责任。法律另有规定的，依照其规定。因林木折断造成他人损害，林木的所有人或者管理人不能证明自己没有过错的，应当承担侵权责任。不可抗力指的是不能预见也不能避免的客观情况，虽然法律有不可抗力免责条款，但本案很显然并不适用不可抗力条款，因为大树由供电部门负责管理，供电部门明知当地台风时节可能会出现伤人的事件，就应当加强管理，采取对树木进行加固等防护措施，以免出现树木折断伤人现象，因此供电部门应当对吴某受到的伤害承担侵权责任。

5. 老年人租车旅游发生交通事故，谁来担责？

某海滨城市是著名的旅游观光景点，退休后的郑某去该市旅游，放松一下心情。由于该城市的风光特别吸引人，于是郑某在当地租了一辆轿车，自己开车在市区兜风，领略一下沿途的风景。可就在郑某想停下来歇一歇时，不知道什么原因，轿车突然刹车失灵，急速行驶中的轿车根本停不下来，郑某只得跳车逃离。在跳车的过程中，郑某只是受到了一些皮外伤，但刹车失灵的轿车还是将一位行人撞伤。在该起事故中，谁来承担责任？

律师说法

依据我国法律规定，因租赁、借用等情形机动车所有人与使用人不是同一人时，发生交通事故后属于该机动车一方责任的，由保险公司在机动车强制保险责任限额范围内予以赔偿。不足部分，由机动车使用人承担赔偿责任；机动车所有人对损害的发生有过错的，承担相应的赔偿责任。本案中，造成交通事故的车辆是郑某租来的，车辆所有人应当保证该轿车的安全使用性能，但致害的主要原因是刹车失灵，郑某为了保命不得不弃车而逃，因此郑某在该起事故中并无过错，所以不承担责任。依据上述规定，应当由保险公司在机动车强制保险责任限额范围内予以赔偿。不足部分，由机动车所有人承当相应的赔偿责任。

6. 老年人在农村被农用三轮车撞伤，谁来担责？

放暑假了，两年没回老家的胡某决定先去乡下探望爷爷奶奶。由于这几年农村的变化很大，胡某到村子里后认不出爷爷家在哪里了，后来经过打听才找到爷爷家。祖孙相聚，少不了一番嘘寒问暖。吃过饭，爷爷带着胡某准备去村里的其他亲戚家串串门。可就在去二叔家的路上，爷爷被一辆疾驶而过的农用三轮车撞伤，后因治疗花去数万元医疗费。老年人在农村的道路上被撞伤，责任由谁承担？

律师说法

依据我国法律规定，“道路”是指公路、城市道路和虽在单位管辖范围但允许社会机动车通行的地方，包括广场、公共停车场等用于公众通行的场所。由此可知，在农村发生的事故，并不属于《道路交通安全法》意义上的交通事故，因此并不适用《道路交通安全法》，此外，也不适用《民法典》侵权责任编关于交通事故的专章规定。那么是否在农村出现撞人事故就无法可依了？答案是否定的，因为虽然不适用关于“交通事故”的专门规定，但仍然可以依据《民法典》侵权责任编中一般侵权致害的规定确定责任。依据《民法典》侵权责任编第一千一百七十九条的规定，侵害他人造成人身损害的，应当赔偿医疗费、护理费、交通费等为治疗和康复支出的合理费用，以及因误工减少的收入。造成残疾的，还应当赔偿残疾生活辅助具费和残疾赔偿金。造成死亡的，还应当赔偿丧葬费和死亡赔偿金。因此本案中，农用三轮车主应当依据上述规定来承担责任，向胡某的爷爷支付赔偿款。

7. 养老保险金是否属于夫妻共同财产？

陈某和王某是一对结婚 40 多年的老夫妻，陈某经常出入棋牌室，渐渐沾染上赌博的恶习，不仅不听王某的劝解，还时常动手打王某。王某认为陈某根本不在乎自己的感受，自己这么多年的付出简直白白浪费。双方闹至法院要求离婚。王某在主张分割夫妻共同财产的同时，还要求分割陈某的养老保险金，陈某不同意。那么，王某能否要求分割陈某的养老保险金？

律师说法

婚姻关系存续期间，男女双方实际取得或者应当取得的养老保险金属于《民法典》第一千零六十二条规定的“其他应当归共同所有的财产”。离婚时夫妻一方尚未退休、不符合领取养老保险金条件，另一方请求按照夫妻共同财产分割养老保险金的，人民法院不予支持；婚后以夫妻共同财产缴付养老保险费，离婚时一方主张将养老金账户中婚姻关系存续期间个人实际缴付部分作为夫妻共同财产分割的，人民法院应予支持。

8. 老年人将车辆卖给老工友，没过户发生交通事故，是否应担责？

孙某已经退休，是个老汽车迷，经常出入各种车展。最近某汽车厂商出了一款新车，并且在搞试驾活动，孙某幸运地参与了该车的试驾。参加完试驾的孙某决定购买该车型中一款中端配置的车。为了顺利购车，孙某将手里的旧车出售给老工友王某，王某在付了全款之后便将车开走。后由于孙某临时出远门，便未和王某办理车辆过户手续。孙某回来后得知，王某在驾驶该车时发生了交通事故，将一行人撞伤，现在受害者将王某和孙某起诉至法院，要求二人承担赔偿责任。在该起交通事故中，孙某是否应承担责任？

律师说法

依据我国法律规定，当事人之间已经以买卖等方式转让并交付机动车但未办理所有权转移登记，发生交通事故后属于该机动车一方责任的，由保险公司在机动车强制保险责任限额范围内予以赔偿。不足部分，由受让人承担赔偿责任。本案中，孙某和王某达成二手车买卖协议，王某支付了全款，孙某交付车辆，后双方未及时办理车辆过户手续，在此时间段，又恰巧发生了交通事故，孙某对交通事故的发生并无过错，因此依据上述规定，由保险公司在机动车强制保险责任限额范围内予以赔偿，不足部分由受让人王某承担赔偿责任。

9. 老年人开报废车拉“黑活”，发生交通事故的，谁来担责？

叶某是一个倒腾二手车的车贩子，只要有便宜车，不管什么来源他都敢收，然后经过改装再出售。前不久，叶某又通过非法途径购得一辆已经报废的出租车，准备以15000元的价格倒腾出去。叶某有个朋友叫作王某，王某已经退休，为给老伴治病欠下不少外债，数年前在叶某困难的时候，王某曾经出手帮助过他，现如今叶某听说王某准备开“黑出租车”赚点辛苦钱还账，但苦于没本钱租车，便将那辆报废出租车改装后赠与王某，王某也欣然接受了。后来，王某在一次“拉黑活”的过程中出了交通事故，并向交警交代其开的是报废出租车，为叶某所赠。那么在此事件中，谁来承担责任？

律师说法

依据我国法律规定，以买卖等方式转让拼装或者已达到报废标准的机动车，发生交通事故造成损害的，由转让人和受让人承担连带责任。本案中，叶某明知是报废车辆还赠与王某，王某在明知的情况下欣然接受赠与，发生了交通事故，应当由叶某和王某承担连带责任。

10. 老年人遭遇交通事故，私了后又反悔的，怎么办？

某社区的王某72岁，别看上了岁数，但身板非常硬朗，经常参加体育锻炼的他，看上去像50多岁的样子。春节过后，当地的庙会正在如火如荼地举办着，王某非常喜欢热闹，所以庙会是他每年必逛的地方。但天有不测风云，就在王某兴高采烈地走出社区，准备步行到庙会时，不幸发生了，有一个骑着电动车的青年不小心将他剐蹭摔倒。从地上爬起来的王某非常生气，当时就和这个青年高某理论了起来，自知理亏的高某一个劲地给王某赔不是，在王某报警之后，更愿意拿出2000元钱作为补偿。王某感觉身体并没什么异样，高某悔过的态度也非常诚恳，便在交警的见证下和高某达成了和解协议。之后，王某觉得出门就遇到车祸很晦气，便回了家，没有去逛庙会。晚上，王某突然出现头晕呕吐的现象，并昏厥。家人赶紧拨打了120，把王某送到当地急救中心进行诊疗。经过诊断，王某的头晕呕吐正是白天的交通事故所致，由于病情出现恶化，颅内已经出血，王某一直昏迷不醒，并被送进了重症监护室。经过三天两夜的抢救，王某虽然脱离了生命危险，但意识丧失，处于植物人的状态。后来，王某的家人拿出王某和高某签订的和解协议，到交警大队了解了交通事故的来龙去脉，之后，他们认为和解协议无效，那么该怎么办？

律师说法

根据我国法律规定，在道路上发生交通事故，未造成人身伤亡，当事人对事实及成因无争议的，可以即行撤离现场，恢复交通，自行协商处理损害赔偿事宜。但本案的特殊之处在于王某的“植物人”状态是由交通事故导致，并且损伤是发生在当天晚上，因此交警应当对本案进行重新调查处理，在调查的基础上认定交通事故的事实与责任，追究高某的相关法律责任。

11. 老年人在小区里被车撞了，属于交通事故吗？

某小区的面积非常大，环境很好，安保措施也非常严格，禁止非本小区的车辆进入。没有其他车辆进入，业主们开车出行非常方便。吴某是上班族，平日里都是开车上下班。某天，吴某下班开车进入小区之后，在小区的道路上缓慢行驶，因为手机突然响了，他低头看手机时，将在小区道路上散步的老人郭某剐蹭，被路过的群众拦下。所幸郭某并无大碍，但双方对赔偿事宜无法达成协议。郭某的家属认为这完全是吴某的责任，而吴某则认为是郭某自己不注意安全，并且双方对在小区内出现的此起事件是否属于交通事故也产生了争议。

律师说法

根据我国法律规定，“道路”，是指公路、城市道路和虽在单位管辖范围但允许社会机动车通行的地方，包括广场、公共停车场等用于公众通行的场所。车辆在道路以外通行时发生的事故，公安机关交通管理部门接到报案的，参照《道路交通安全法》有关规定办理。本案中的小区安保措施到位，禁止社会车辆进出，因此在这个小区道路内出现的事故并非交通故事，但同样可以报警处理。

12. 老人沿街乞讨，是否可以获得救助？

某派出所接到热心群众报警，称在某街道西门外有一名沿街乞讨的老人疑似犯病，口吐白沫、神志不清。接到报警后，民警立即赶赴现场，发现一名70岁左右、下身裸露的老人正靠在石凳上。为了联系上老人的亲属，民警对老人随身携带的物品进行了检查，但未发现任何可以证明老人身份的材料和证件。于是，民警在现场为老人拍下照片之后，将老人紧急送往医院。那么，这名老人是否可以获得救助？

律师说法

根据我国法律规定，国家对经济困难的老年人给予基本生活、医疗、居住或者其他救助。老年人无劳动能力、无生活来源、无赡养人和扶养人，或者其赡养人和扶养人确无赡养能力或者扶养能力的，由地方各级人民政府依照有关规定给予供养或者救助。对流浪乞讨、遭受遗弃等生活无着的老年人，由地方各级人民政府依照有关规定给予救助。就本案而言，如果这位老年人无子女，也无亲友可以投靠，又不享受最低生活保障，自己也无力解决食宿且正在城市流浪乞讨度日，是可以获得救助的。

13. 五保供养的老人能享受什么待遇？

刘大娘家住某村，她早年丧偶，独自将两个女儿抚养长大，由于一次重病，刘大娘留下了严重的后遗症，已经丧失了劳动能力，平日靠着两个女儿赡养。但天有不测风云，两个女儿在一次意外中不幸去世，至此，刘大娘身边已经没有任何亲人，只剩下她一个人孤苦伶仃。村委会工作人员知道此事后来探望刘大娘，看到她的生活困难至极，就建议她办理五保供养，并且还可以去村里的敬老院安度晚年。刘大娘想知道，办理五保供养后能享受什么待遇？

律师说法

根据我国法律规定，农村五保供养，是指依照《农村五保供养工作条例》规定，在吃、穿、住、医、葬方面给予村民的生活照顾和物质帮助。老年、残疾或者未满16周岁的村民，无劳动能力、无生活来源又无法定赡养、抚养、扶养义务人，或者其法定赡养、抚养、扶养义务人无赡养、抚养、扶养能力的，享受农村五保供养待遇。农村五保供养标准不得低于当地村民的平均生活水平，并根据当地村民平均生活水平的提高适时调整。农村五保供养包括下列供养内容：（1）供给粮油、副食品和生活用燃料；（2）供给服装、被褥等生活用品和零用钱；（3）提供符合基本居住条件的住房；（4）提供疾病治疗，对生活不能自理的给予照料；（5）办理丧葬事宜。农村五保供养对象的疾病治疗，应当与当地农村合作医疗和农村医疗救助制度相衔接。

14. 老人被撞后，肇事者不履行调解协议怎么办？

王某退休后为了贴补家用，又找了一份工作，是某奶制品公司的送货员，负责某片小区的送奶业务。由于这片小区有数十栋楼的客户都订购该公司的瓶装奶制品，所以王某每天很早就出来送奶。某天，王某像往常一样开着他那辆电动车送奶，突然想起来昨天晚上实在太累了，竟然忘了给电动车充电，不久后电动车就显示电量过低，王某决定回公司先把电充好再去送奶。就在王某驶过一个十字路口时，一辆图方便的机动车竟突然转弯逆行，导致和王某相撞。后经过责任认定，机动车司机负全责，双方在交警的主持下达成调解协议。但事发一个多月之后，机动车司机迟迟不履行调解协议上赔偿义务，最后竟然说这事都怨王某，并明确表示他不想履行这份调解协议。在这种情况下，王某该怎么办？

律师说法

根据我国法律规定，发生交通事故之后，经公安机关交通管理部门调解，当事人未达成协议或者调解书生效后不履行的，当事人可以向人民法院提起民事诉讼。由此可知，在现实生活中遇见这种背信弃义的肇事者，应当直接向人民法院提起民事诉讼，尽量避免陷入和对方无休止的扯皮中。

15. 退休职工能申请城市低保吗？

郭师傅是某企业的职工，老伴去世得早，自己一人生活多年。2009 年，符合退休条件的郭师傅从企业退休，开始领取退休金。郭师傅曾经有一个儿子，但儿子在一起车祸中身亡，所以郭师傅属于孤寡老人。2012 年，某市政府提高了当地居民最低生活保障标准。生活艰苦的郭师傅听别人说，他手里的这点退休金还没有当地最低生活保障标准高，于是他尝试着向当地街道办事处申请低保。但街道办事处的工作人员认为，郭师傅已经有退休金了，不能再申请城市最低生活保障。那么，郭师傅是否可以申请城市最低生活保障？

律师说法

《城市居民最低生活保障条例》第二条规定：“持有非农业户口的城市居民，凡共同生活的家庭成员人均收入低于当地城市居民最低生活保障标准的，均有从当地人民政府获得基本生活物质帮助的权利。前款所称收入，是指共同生活的家庭成员的全部货币收入和实物收入，包括法定赡养人、扶养人或者抚养人应当给付的赡养费、扶养费或者抚养费，不包括优抚对象按照国家规定享受的抚恤金、补助金。”县级人民政府民政部门经审查，对符合享受城市居民最低生活保障待遇条件的家庭，应当区分下列不同情况批准其享受城市居民最低生活保障待遇：（1）对无生活来源、无劳动能力又无法定赡养人、扶养人或者抚养人的城市居民，批准其按照当地城市居民最低生活保障标准全额享受；（2）对尚有一定收入的城市居民，批准其按照家庭人均收入低于当地城市居民最低生活保障标准的差额享受。县级人民政府民政部门经审查，对不符合享受城市居民最低生活保障待遇条件的，应当书面通知申请人，并说明理由。管理审批机关应当自接到申请人提出申请之日起的30日内办结审批手续。城市居民最低生活保障待遇由管理审批机关以货币形式按月发放；必要时，也可以给付实物。

低保是我国对居民提供生活保障的一种制度。本案中，郭师傅的配偶和儿子均已去世，他的退休金低于当地最低生活保障标准，无其他收入或者扶养费、赡养费等生活来源，所以他是符合申请最低生活保障条件的，街道办不应当拒绝。

16. 返聘老人被汽车撞伤，是否可以要求人身和工伤赔偿？

杨某退休后被一家单位返聘，成为一名保安，平日里主要负责仓库的看护工作。最近该单位接到附近派出所的通知，由于新年将至，按照往年的经验，这个时候偷盗事件多发，因此各单位应当加强巡逻力度，不让不法分子得逞。杨某曾是当地的农运会长跑冠军，加上平时很注意锻炼身体，所以他的身板非常硬朗，单位便将夜班指派给他，忠厚老实的杨某也从未辜负单位领导的信任，他当班时从未发生过盗窃事件。

但俗话说得好："不怕贼偷，就怕贼惦记。"杨某看护的是某网上商城的仓库，里面的商品很多都属于紧俏消费品，早就有几个毛贼盯上了这个仓库。杨某也不是吃素的，两个贼眉鼠眼的人来此处踩点时就被杨某发现了，他冲此二人大喝一声："毛贼休得猖狂。"这二人当时就被吓了一跳，一路奔跑消失在茫茫的夜色中。杨某一只手拿着手电，另一只手牵着大狼狗阿旺来到院外巡视。仓库大院外是一条通往城里的公路，平时车辆并不算多，杨某看见不远处隐约有几个红点在闪烁，他知道这是有人在吸烟，阿旺也冲着红点吠了起来，然后红点就消失了，发动机的引擎声响了起来，听声音渐行渐远，看来那伙毛贼是真的遁走了。松了一口气的杨某在院外吸了一根烟后，转身准备走进院里，但就在此时，汽车的引擎声突然响起，杨某背后一阵剧痛，两眼一黑，就不省人事了。事后，经过交警勘验得知，一辆刹车失灵的轿车在不受控制的情况下将杨某撞伤，肇事司机负全责，杨某无责。单位已经给杨某上了工伤保险，但杨某伤势较重，他的家属担心治疗费用不够，想知道杨某是否可以获得人身赔偿和工伤赔偿？

律师说法

根据我国法律规定，依法应当参加工伤保险统筹的用人单位的劳动者，因工伤事故遭受人身损害，劳动者或者其近亲属向人民法院起诉请求用人单位承担民事赔偿责任的，告知其按《工伤保险条例》的规定处理。因用人单位以外的第三人侵权造成劳动者人身损害，赔偿权利人请求第三人承担民事赔偿责任的，人民法院应予支持。本案中，杨某是上班时间受的伤，虽然他属于返聘人员，但用人单位已经给他上了工伤保险，理应享受工伤保险待遇。日后，杨某也可以就此事以肇事方为被告，向人民法院提起人身损害赔偿之诉，也能获得法院的支持。

17. 老人骑车被狗惊吓导致摔伤，该怎么办？

一天，60 多岁的刘女士跟平时一样骑着自行车去早市买菜。就在刘女士骑车路过小区某单元楼时，对面一只大型犬冲其狂吠，本来就怕狗的刘女士加速骑车。可这只大型犬竟然追着刘女士不放，边追边吠，将刘女士吓得六神无主，只听“哎哟”一声，刘女士连人带车摔倒在地，后经诊断为骨折。刘女士与狗的主人王某产生了纠纷，王某认为狗会吠是天性，刘女士骑车摔倒跟自己的狗无关，所以拒绝赔偿。双方协商无果，刘女士准备将王某起诉至法院，解决此事。

律师说法

饲养的动物造成他人损害的，动物饲养人或者管理人应当承担侵权责任，但能够证明损害是因被侵权人故意或者重大过失造成的，可以不承担或者减轻责任。违反相关管理规定，未对动物采取安全措施造成他人损害的，动物饲养人或者管理人应当承担侵权责任。禁止饲养的烈性犬等危险动物造成他人损害的，动物饲养人或者管理人应当承担侵权责任。本案中，王某未对自己饲养的大型犬采取任何约束措施，任由其追赶刘女士，导致刘女士惊吓摔倒，与刘女士的损害后果具有因果关系，应当承担赔偿责任。

18. 电暖气炸伤老人，该怎么办?

陈师傅68岁，住进了儿子为其购买的新房，由于刚交房，供暖还未跟上，所以陈师傅在某商场购买了一台电暖气。不幸的是，陈师傅在使用电暖气时被炸伤，导致丧失了部分劳动能力。陈师傅向商场索赔，而商场却以自己不是电暖气生产厂商为由拒绝赔偿。陈师傅又向电暖气的生产厂商索赔，该厂商又以陈师傅操作有误导致受伤为由，拒绝赔偿。这两家企业将陈师傅当皮球一样踢来踢去，没办法的陈师傅只能将二者起诉至法院。经法院调查，该电暖气为不合格产品。

律师说法

根据我国法律规定，消费者在购买、使用商品时，因产品存在缺陷造成损害的，被侵权人可以向产品的生产者请求赔偿，也可以向产品的销售者请求赔偿。产品缺陷由生产者造成的，销售者赔偿后，有权向生产者追偿。因销售者的过错使产品存在缺陷的，生产者赔偿后，有权向销售者追偿。本案中，电暖气因产品质量问题发生爆炸，导致陈师傅受伤，其本身无过错，电暖气的销售者某商场和生产者对其应负赔偿责任，陈师傅可以任选一家追究民事侵权责任。

19. 老人被楼上掉落的花盆砸伤，该怎么办？

家住某小区的王师傅平日里很喜欢在小区里散步，某天，他散步经过一栋高层楼时，被从天而降的一个花盆砸伤头部，血流不止，周围的群众拨打120将他送去医院救治。但肇事花盆到底是谁家的，始终无人站出来承认，导致王师傅维权陷入困境。那么在这种情况下，王师傅该怎么办？

律师说法

建筑物、构筑物或者其他设施及其搁置物、悬挂物发生脱落、坠落造成他人损害，所有人、管理人或者使用人不能证明自己没有过错的，应当承担侵权责任。所有人、管理人或者使用人赔偿后，有其他责任人的，有权向其他责任人追偿。本案中，王师傅被一个从高层建筑物上掉下的花盆砸伤，鉴于无业主出来承担责任，王师傅完全可以将这栋楼里的所有业主起诉至法院，要求他们承担责任。只要是不能举证证明自己无过错的业主，均要承担赔偿责任。

热线咨询

1. 被车撞伤，可以获得什么赔偿？

根据我国法律规定，受害人遭受人身损害，因就医治疗支出的各项费用以及因误工减少的收入，包括医疗费、误工费、护理费、交通费、住宿费、住院伙食补助费、必要的营养费，赔偿义务人应当予以赔偿。受害人因伤致残的，其因增加的生活上需要所支出的必要费用以及因丧失劳动能力导致的收入损失，包括残疾赔偿金、残疾辅助器具费、被扶养人生活费，以及因康复护理、继续治疗实际发生的必要的康复费、护理费、后续治疗费，赔偿义务人也应当予以赔偿。受害人死亡的，赔偿义务人除应当根据抢救治疗情况赔偿医疗费等相关费用外，还应当赔偿丧葬费、被扶养人生活费、死亡补偿费以及受害人亲属办理丧葬事宜支出的交通费、住宿费和误工损失等其他合理费用。

2. 被动物咬伤，可以要求赔偿多少数额的医疗费？

根据我国法律规定，医疗费根据医疗机构出具的医药费、住院费等收款凭证，结合病历和诊断证明等相关证据确定。赔偿义务人对治疗的必要性和合理性有异议的，应当承担相应的举证责任。医疗费的赔偿数额，按照一审法庭辩论终结前实际发生的数额确定。器官功能恢复训练所必要的康复费、适当的整容费以及其他后续治疗费，赔偿权利人可以待实际发生后另行起诉。但根据医疗证明或者鉴定结论确定必然发生的费用，可以与已经发生的医疗费一并予以赔偿。

3. 被高空坠物砸伤，残疾赔偿金如何计算?

残疾赔偿金根据受害人丧失劳动能力程度或者伤残等级，按照受诉法院所在地上一年度城镇居民人均可支配收入或者农村居民人均纯收入标准，自定残之日起按 20 年计算。但 60 周岁以上的，年龄每增加一岁减少一年；75 周岁以上的，按 5 年计算。受害人因伤致残但实际收入没有减少，或者伤残等级较轻但造成职业妨害严重影响其劳动就业的，可以对残疾赔偿金作相应调整。残疾辅助器具费按照普通适用器具的合理费用标准计算。伤情有特殊需要的，可以参照辅助器具配制机构的意见确定相应的合理费用标准。辅助器具的更换周期和赔偿期限参照配制机构的意见确定。

4. 名誉权被侵害，可以索赔多少数额的精神损失费?

根据我国法律规定，精神损害的赔偿数额根据以下因素确定：（1）侵权人的过错程度，法律另有规定的除外；（2）侵害的手段、场合、行为方式等具体情节；（3）侵权行为所造成的后果；（4）侵权人的获利情况；（5）侵权人承担责任的经济能力；（6）受诉法院所在地平均生活水平。

5. 在长途客车上受伤，可以要求客运公司赔偿吗？

乘客乘坐长途客车，就与客运公司成立了客运合同，根据我国法律规定，当事人一方不履行合同义务或者履行合同义务不符合约定，在履行义务或者采取补救措施后，对方还有其他损失的，应当赔偿损失。承运人应当对运输过程中旅客的伤亡承担损害赔偿责任，但伤亡是旅客自身健康原因造成的或者承运人证明伤亡是旅客故意、重大过失造成的除外。据此可知，除非乘客是因自己的原因造成了伤害，否则其完全有理由要求客运公司承担赔偿责任。

6. 救助站对受助人员提供什么救助？

救助站应当根据受助人员的需要提供下列救助：（1）提供符合食品卫生要求的食物；（2）提供符合基本条件的住处；（3）对在站内突发急病的，及时送医院救治；（4）帮助与其亲属或者所在单位联系；（5）对没有交通费返回其住所地或者所在单位的，提供乘车凭证。救助站为受助人员提供的住处，应当按性别分室住宿，女性受助人员应当由女性工作人员管理。

此外，救助站不得向受助人员、其亲属或者所在单位收取费用，不得以任何借口组织受助人员从事生产劳动。

7. 发生交通事故，什么情况下交强险可以拒赔？

根据我国法律规定，有下列情形之一的，保险公司在机动车交通事故责任强制保险责任限额范围内垫付抢救费用，并有权向致害人追偿：（1）驾驶人未取得驾驶资格或者醉酒的；（2）被保险机动车被盗抢期间肇事的；（3）被保险人故意制造道路交通事故的。有上述情形之一，发生道路交通事故的，造成受害人的财产损失，保险公司不承担赔偿责任。

8. 他人借用车辆发生交通事故的，交强险赔付吗？

根据我国法律规定，被保险人是指投保人及其允许的合法驾驶人。保险期间内，被保险人或其允许的合法驾驶人在使用被保险机动车过程中发生意外事故，致使第三者遭受人身伤亡或财产直接损毁，依法应当由被保险人承担的损害赔偿责任，保险人依照保险合同的约定，对于未超过机动车交通事故责任强制保险各分项赔偿限额的部分负责赔偿。据此可知，无论机动车在何人掌控之下，只要机动车处于合法的驾驶人掌控下发生交通事故的，交强险或者商业三者险的保险公司就应当承担赔付责任。

9. 在哪些情形下可以申请法律援助？

根据我国法律规定，在以下情形下，公民可以申请法律援助：（1）依法请求国家赔偿的；（2）请求给予社会保险待遇或者最低生活保障待遇的；（3）请求发给抚恤金、救济金的；（4）请求给付赡养费、抚养费、扶养费的；（5）请求支付劳动报酬的；（6）主张因见义勇为行为产生的民事权益的。省、自治区、直辖市人民政府可以对上述事项以外的法律援助事项作出补充规定。

10. 在刑事案件中可以申请法律援助吗？

刑事诉讼中有下列情形之一的，公民可以向法律援助机构申请法律援助：（1）犯罪嫌疑人在被侦查机关第一次讯问后或者采取强制措施之日起，因经济困难没有聘请律师的；（2）公诉案件中的被害人及其法定代理人或者近亲属，自案件移送审查起诉之日起，因经济困难没有委托诉讼代理人的；（3）自诉案件的自诉人及其法定代理人，自案件被人民法院受理之日起，因经济困难没有委托诉讼代理人的。

11. 申请法律援助应当向哪些机构提出？

公民应当根据不同的请求事项向不同的机构申请法律援助：（1）请求国家赔偿的，向赔偿义务机关所在地的法律援助机构提出申请；（2）请求给予社会保险待遇、最低生活保障待遇或者请求发给抚恤金、救济金的，向提供社会保险待遇、最低生活保障待遇或者发给抚恤金、救济金的义务机关所在地的法律援助机构提出申请；（3）请求给付赡养费、抚养费、扶养费的，向给付赡养费、抚养费、扶养费的义务人住所地的法律援助机构提出申请；（4）请求支付劳动报酬的，向支付劳动报酬的义务人住所地的法律援助机构提出申请；（5）主张因见义勇为行为产生的民事权益的，向被请求人住所地的法律援助机构提出申请。

12. 申请代理、刑事辩护的法律援助，应当提交哪些材料？

根据法律规定，公民申请代理、刑事辩护的法律援助应当提交下列证件、证明材料：（1）身份证或者其他有效的身份证明，代理申请人还应当提交有代理权的证明；（2）经济困难的证明；（3）与所申请法律援助事项有关的案件材料。申请应当采用书面形式，填写申请表；以书面形式提出申请确有困难的，可以口头申请，由法律援助机构工作人员或者代为转交申请的有关机构工作人员作书面记录。

13. 包价旅游合同都有什么内容？

包价旅游合同，是指旅行社预先安排行程，提供或者通过履行辅助人提供交通、住宿、餐饮、游览、导游或者领队等两项以上旅游服务，旅游者以总价支付旅游费用的合同。

包价旅游合同应当采用书面形式，包括下列内容：

（1）旅行社、旅游者的基本信息；

（2）旅游行程安排；

（3）旅游团成团的最低人数；

（4）交通、住宿、餐饮等旅游服务安排和标准；

（5）游览、娱乐等项目的具体内容和时间；

（6）自由活动时间安排；

（7）旅游费用及其交纳的期限和方式；

（8）违约责任和解决纠纷的方式；

（9）法律、法规规定和双方约定的其他事项。

订立包价旅游合同时，旅行社应当向旅游者详细说明上述第（2）项至第（8）项所载内容。

14. 订立包价旅游合同时，旅行社应当告知哪些事项？

订立包价旅游合同时，旅行社应当向旅游者告知下列事项：

（1）旅游者不适合参加旅游活动的情形；

（2）旅游活动中的安全注意事项；

（3）旅行社依法可以减免责任的信息；

（4）旅游者应当注意的旅游目的地相关法律、法规和风俗习惯、宗教禁忌，依照中国法律不宜参加的活动等；

（5）法律、法规规定的其他应当告知的事项。

在包价旅游合同履行中，遇有上述事项的，旅行社也应当告知旅游者。

15. 旅游目的地发生自然灾害，影响行程该怎么办?

因不可抗力或者旅行社、履行辅助人已尽合理注意义务仍不能避免的事件，影响旅游行程的，按照下列情形处理：

（1）合同不能继续履行的，旅行社和旅游者均可以解除合同。合同不能完全履行的，旅行社经向旅游者作出说明，可以在合理范围内变更合同；旅游者不同意变更的，可以解除合同。

（2）合同解除的，组团社应当在扣除已向地接社或者履行辅助人支付且不可退还的费用后，将余款退还旅游者；合同变更的，因此增加的费用由旅游者承担，减少的费用退还旅游者。

（3）危及旅游者人身、财产安全的，旅行社应当采取相应的安全措施，因此支出的费用，由旅行社与旅游者分担。

（4）造成旅游者滞留的，旅行社应当采取相应的安置措施。因此增加的食宿费用，由旅游者承担；增加的返程费用，由旅行社与旅游者分担。

16. 旅行社应向旅游者尽到何种警示义务?

旅游经营者应当就旅游活动中的下列事项，以明示的方式事先向旅游者作出说明或者警示：

（1）正确使用相关设施、设备的方法；

（2）必要的安全防范和应急措施；

（3）未向旅游者开放的经营、服务场所和设施、设备；

（4）不适宜参加相关活动的群体；

（5）可能危及旅游者人身、财产安全的其他情形。

突发事件或者旅游安全事故发生后，旅游经营者应当立即采取必要的救助和处置措施，依法履行报告义务，并对旅游者作出妥善安排。

17. 旅游者与旅行社发生纠纷，有哪些解决途径？

旅游者与旅游经营者发生纠纷，可以通过下列途径解决：

（1）双方协商；

（2）向消费者协会、旅游投诉受理机构或者有关调解组织申请调解；

（3）根据与旅游经营者达成的仲裁协议提请仲裁机构仲裁；

（4）向人民法院提起诉讼。

此外，消费者协会、旅游投诉受理机构和有关调解组织在双方自愿的基础上，依法对旅游者与旅游经营者之间的纠纷进行调解。旅游者与旅游经营者发生纠纷，旅游者一方人数众多并有共同请求的，可以推选代表人参加协商、调解、仲裁、诉讼活动。

18. 旅行社不履行合同，且擅自安排购物并增加费用的，旅游者该怎么办？

旅游者可以要求旅行社依法承担继续履行、采取补救措施或者赔偿损失等违约责任；旅行社造成旅游者人身损害、财产损失的，应当依法承担赔偿责任。旅行社具备履行合同的条件，经旅游者要求仍拒绝履行合同，造成旅游者人身损害、滞留等严重后果的，旅游者还可以要求旅行社支付旅游费用一倍以上三倍以下的赔偿金。旅行社擅自安排旅游者购物获取回扣等不正当利益的，旅游者有权在旅游行程结束后30日内，要求旅行社为其办理退货并先行垫付退货货款，或者退还另行付费旅游项目的费用。

19. 旅游者在旅游中应当遵守哪些义务？

（1）应当遵守“五个应当”义务，即应当遵守社会公共秩序和社会公德，应当尊重旅游目的地的风俗习惯、文化传统和宗教信仰，应当保护旅游资源，应当爱护生态环境，应当遵守旅游文明行为规范。

（2）遵守“三个不得”义务，即不得损害当地居民的合法权益，不得干扰他人的旅游活动，不得损害旅游经营者和旅游从业人员的合法权益。

20. 旅行社可以给旅游者提供哪些服务？

旅行社一般提供以下服务：（1）安排交通服务；（2）安排住宿服务；（3）安排餐饮服务；（4）安排观光游览、休闲度假等服务；（5）导游、领队服务；（6）旅游咨询、旅游活动设计服务。

旅行社还可以接受委托，提供下列旅游服务：（1）接受旅游者的委托，代订交通客票、代订住宿和代办出境、入境、签证手续等；（2）接受机关、事业单位和社会团体的委托，为其差旅、考察、会议、展览等公务活动，代办交通、住宿、餐饮、会务等事务；（3）接受企业委托，为其各类商务活动、奖励旅游等，代办交通、住宿、餐饮、会务、观光游览、休闲度假等事务；（4）其他旅游服务。上述出境、签证手续等服务，应当由具备出境旅游业务经营权的旅行社代办。

21. 旅行社不得为旅游者安排哪些活动？

旅行社不得安排的活动主要包括：

（1）含有损害国家利益和民族尊严内容的；

（2）含有民族、种族、宗教歧视内容的；

（3）含有淫秽、赌博、涉毒内容的；

（4）其他含有违反法律、法规规定内容的。

22. 旅行社的哪些行为属于擅自改变旅行行程？

旅行社及其委派的导游人员和领队人员的下列行为，属于擅自改变旅游合同安排行程：

（1）减少游览项目或者缩短游览时间的；

（2）增加或者变更旅游项目的；

（3）增加购物次数或者延长购物时间的；

（4）其他擅自改变旅游合同安排的行为。

23. 养老服务协议包括哪些内容？

养老机构为老年人提供服务，应当与接受服务的老年人或者其代理人签订服务协议。服务协议应当载明下列事项：

（1）养老机构的名称、住所、法定代表人或者主要负责人、联系方式；

（2）老年人及其代理人和老年人指定的经常联系人的姓名、住址、身份证明、联系方式；

（3）服务内容和服务方式；

（4）收费标准以及费用支付方式；

（5）服务期限和地点；

（6）当事人的权利和义务；

（7）协议变更、解除与终止的条件；

（8）违约责任；

（9）意外伤害责任认定和争议解决方式；

（10）当事人协商一致的其他内容。

24. 养老机构在什么情况下会被罚款或者追究刑事责任？

养老机构有下列行为之一的，由实施许可的民政部门责令改正；情节严重的，处以 3 万元以下的罚款；构成犯罪的，依法追究刑事责任：

（1）未与老年人或者其代理人签订服务协议，或者协议不符合规定的；

（2）未按照国家有关标准和规定开展服务的；

（3）配备人员的资格不符合规定的；

（4）向负责监督检查的民政部门隐瞒有关情况、提供虚假材料或者拒绝提供反映其活动情况真实材料的；

（5）利用养老机构的房屋、场地、设施开展与养老服务宗旨无关的活动的；

（6）歧视、侮辱、虐待或遗弃老年人以及实施其他侵犯老年人合法权益行为的；

（7）擅自暂停或者终止服务的；

（8）法律、法规、规章规定的其他违法行为。

25. 养老院应当给老年人提供什么服务？

（1）养老机构应当提供满足老年人日常生活需求的吃饭、穿衣、如厕、洗澡、室内外活动等服务。

（2）养老机构应当提供符合老年人居住条件的住房，并配备符合老年人安全保护要求的设施、设备及用具，定期对老年人活动场所和物品进行消毒和清洗。

（3）养老机构提供的饮食应当符合卫生要求、有利于老年人营养平衡、符合民族风俗习惯。

（4）养老机构在老年人突发危重疾病时，应当及时通知代理人或者经常联系人并转送医疗机构救治；发现老年人为疑似传染病病人或者精神障碍患者时，应当依照传染病防治、精神卫生等相关法律法规的规定处理。

（5）养老机构应当根据需要为老年人提供情绪疏导、心理咨询、危机干预等精神慰藉服务。

（6）养老机构应当开展适合老年人的文化、体育、娱乐活动，丰富老年人的精神文化生活，养老机构开展文化、体育、娱乐活动时，应当为老年人提供必要的安全防护措施。

（7）养老机构应当实行 24 小时值班，做好老年人安全保障工作。

26. 老年人是否可以自己选择监护人？何种情况下可以变更监护权？

具备完全民事行为能力的老年人，可以在近亲属或者其他与自己关系密切、愿意承担监护责任的个人、组织中协商确定自己的监护人。监护人在老年人丧失或者部分丧失民事行为能力时，依法承担监护责任。老年人未事先确定监护人的，其丧失或者部分丧失民事行为能力时，依照有关法律的规定确定监护人。

监护人有下列情形之一的，人民法院根据有关个人或者组织的申请，撤销其监护人资格，安排必要的临时监护措施，并按照最有利于被监护人的原则依法指定监护人：（1）实施严重损害被监护人身心健康行为的；（2）怠于履行监护职责，或者无法履行监护职责并且拒绝将监护职责部分或者全部委托给他人，导致被监护人处于危困状态的；（3）实施严重侵害被监护人合法权益的其他行为的。有关个人和组织包括：其他依法具有监护资格的人，居民委员会、村民委员会、学校、医疗机构、妇女联合会、残疾人联合会、未成年人保护组织、依法设立的老年人组织、民政部门等。前述规定的个人和民政部门以外的组织未及时向人民法院申请撤销监护人资格的，民政部门应当向人民法院申请。

27. 办理退休时，身份证和职工档案记载的出生日期不一致，怎么办？

对职工出生时间的认定，实行居民身份证与职工档案相结合的办法。当本人身份证与档案记载的出生时间不一致时，以本人档案最先记载的出生时间为准。相关部门要加强对居民身份证和职工档案的管理，严禁随意更改职工出生时间和编造档案。

28. 老年人参加社会活动有什么优待？

国家提倡与老年人日常生活密切相关的服务行业为老年人提供优先、优惠服务。城市公共交通、公路、铁路、水路和航空客运，应当为老年人提供优待和照顾。博物馆、美术馆、科技馆、纪念馆、公共图书馆、文化馆、影剧院、体育场馆、公园、旅游景点等场所，应当对老年人免费或者优惠开放。

29. 老年人去世后，名誉权是否还受保护？

毋庸置疑，当然受保护。自然人死亡后，其近亲属因下列侵权行为遭受精神痛苦，向人民法院起诉请求赔偿精神损害的，人民法院应当依法予以受理：

（1）以侮辱、诽谤、贬损、丑化或者违反社会公共利益、社会公德的其他方式，侵害死者姓名、肖像、名誉、荣誉；

（2）非法披露、利用死者隐私，或者以违反社会公共利益、社会公德的其他方式侵害死者隐私；

（3）非法利用、损害遗体、遗骨，或者以违反社会公共利益、社会公德的其他方式侵害遗体、遗骨。

30. 老年人自愿为社会发展贡献力量的，国家鼓励其参加什么社会活动？

国家为老年人参与社会发展创造条件。根据社会需要和可能，鼓励老年人在自愿和量力的情况下，从事下列活动：

（1）对青少年和儿童进行社会主义、爱国主义、集体主义和艰苦奋斗等优良传统教育；

（2）传授文化和科技知识；

（3）提供咨询服务；

（4）依法参与科技开发和应用；

（5）依法从事经营和生产活动；

（6）参加志愿服务、兴办社会公益事业；

（7）参与维护社会治安、协助调解民间纠纷；

（8）参加其他社会活动。

31. 国家是如何保障老年人的基本医疗需求的？

国家通过基本医疗保险制度，保障老年人的基本医疗需要。享受最低生活保障的老年人和符合条件的低收入家庭中的老年人参加新型农村合作医疗和城镇居民基本医疗保险所需个人缴费部分，由政府给予补贴。有关部门制定医疗保险办法，应当对老年人给予照顾。国家逐步开展长期护理保障工作，保障老年人的护理需求。对生活长期不能自理、经济困难的老年人，地方各级人民政府应当根据其失能程度等情况给予护理补贴。

32. 离退休的老年人，每月的退休金还会涨吗？

老年人依法享有的养老金、医疗待遇和其他待遇应当得到保障，有关机构必须按时足额支付，不得克扣、拖欠或者挪用。国家根据经济发展以及职工平均工资增长、物价上涨等情况，适时提高养老保障水平。

33. 我国加快发展养老服务业的指导思想和发展目标是什么?

我国加快养老服务业发展的指导思想是：以邓小平理论、“三个代表”重要思想、科学发展观为指导，从国情出发，把不断满足老年人日益增长的养老服务需求作为出发点和落脚点，充分发挥政府作用，通过简政放权，创新体制机制，激发社会活力，充分发挥社会力量的主体作用，健全养老服务体系，满足多样化养老服务需求，努力使养老服务业成为积极应对人口老龄化、保障和改善民生的重要举措，成为扩大内需、增加就业、促进服务业发展、推动经济转型升级的重要力量。

我国加快养老服务业发展的目标是：到2020年，全面建成以居家为基础、社区为依托、机构为支撑的，功能完善、规模适度、覆盖城乡的养老服务体系。养老服务产品更加丰富，市场机制不断完善，养老服务业持续健康发展。具体包括以下目标：

（1）服务体系更加健全。生活照料、医疗护理、精神慰藉、紧急救援等养老服务覆盖所有居家老年人。符合标准的日间照料中心、老年人活动中心等服务设施覆盖所有城市社区，90%以上的乡镇和60%以上的农村社区建立包括养老服务在内的社区综合服务设施和站点。全国社会养老床位数达到每千名老年人35—40张，服务能力大幅增强。

（2）产业规模显著扩大。以老年生活照料、老年产品用品、老年健康服务、老年体育健身、老年文化娱乐、老年金融服务、老年旅游等为主的养老服务业全面发展，养老服务业增加值在服务业中的比重显著提升，全国机构养老、居家社区生活照料和护理等服务提供1000万个以上就业岗位。涌现一批带动力强的龙头企业和大批富有创新活力的中小企业，形成一批养老服务产业集群，培育一批知名品牌。

（3）发展环境更加优化。养老服务业政策法规体系建立健全，行业标准科学规范，监管机制更加完善，服务质量明显提高。全社会积极应对人口老龄化意识显著增强，支持和参与养老服务的氛围更加浓厚，养老志愿服务广泛开展，敬老、养老、助老的优良传统得到进一步弘扬。

34. 我国加快发展养老服务业的主要任务是什么？

我国加快发展养老服务业的主要任务有以下几项：

（1）统筹规划发展城市养老服务设施。加强社区服务设施建设。各地在制定城市总体规划、控制性详细规划时，必须按照人均用地不少于0.1平方米的标准，分区分级规划设置养老服务设施。

（2）大力发展居家养老服务网络。发展居家养老便捷服务。地方政府要支持建立以企业和机构为主体、社区为纽带、满足老年人各种服务需求的居家养老服务网络。

（3）大力加强养老机构建设。支持社会力量举办养老机构。各地要根据城乡规划布局要求，统筹考虑建设各类养老机构。

（4）切实加强农村养老服务。健全服务网络。要完善农村养老服务托底的措施，将所有农村“三无”老人全部纳入五保供养范围，适时提高五保供养标准，健全农村五保供养机构功能，使农村五保老人老有所养。

（5）繁荣养老服务消费市场。拓展养老服务内容。各地要积极发展养老服务业，引导养老服务企业和机构优先满足老年人基本服务需求，鼓励和引导相关行业积极拓展适合老年人特点的文化娱乐、体育健身、休闲旅游、健康服务、精神慰藉、法律服务等服务，加强残障老年人专业化服务。

（6）积极推进医疗卫生与养老服务相结合。推动医养融合发展。各地要促进医疗卫生资源进入养老机构、社区和居民家庭。卫生管理部门要支持有条件的养老机构设置医疗机构。

温馨贴士

敬老、助老、养老是我国的传统美德。我国历来不仅有尊老敬老的礼法习俗，还有专门保护老年人的诏书和法令。道德是一种无形的力量，人们往往会自觉或者不自觉地用道德的标准去衡量和规范自己的行为，我国的敬老、助老、养老传统对老年人参与社会活动起到了积极的推动作用。

但是，仍有一些人的敬老、助老、养老道德观念淡薄，严重侵害老年人合法权益的社会事件时有发生，因此，非常有必要将某些传统道德规范上升为法律规范，进而保障老年人的合法权益，成为老年人参与社会活动的坚强后盾！只有在法律的保驾护航下，全社会才能形成敬老、助老、养老的社会舆论氛围，才能将我国敬老、助老、养老的传统传承下去。

第四章

反骗保障

案例直击

1. 免费体检要当心，借机骗你没商量！

退休夫妻王师傅和刘大婶都70多岁，两人每天早上都去逛早市。一天，他们刚走到小区门口，就看见两个身穿白大褂的年轻人在散发传单。其中一个年轻人告诉王师傅："中国老年人医学会明天在咱们小区附近举办一个健康讲座，会给每个参会的老年人进行免费体检，只要今天在我们这里登记一下手机号，明天就能凭手机号免费参加。"王师傅以为是政府举办的健康讲座，就留下了自己的手机号码。

王师傅和刘大婶第二天早早地就起床去参加健康讲座。健康讲座很快就结束了，一名穿着白大褂的工作人员将王师傅和刘大婶带到了自称是某某领域专家的刘大夫面前，刘大夫拿出一个新研发的高级体检设备给王师傅和刘大婶体检。体检结束后，刘大夫称，王大爷患有严重的心脑血管疾病，如果不治疗很容易发生猝死，而刘大婶的血液也有问题，不治疗将来容易瘫痪。这样的检测结果让夫妻二人很担心，"专家"刘大夫安慰他们说："现在咱们国家医疗条件好了，我这里刚好有治疗你们疾病的特效药，只要吃上三个疗程就能根治。"随后，两位老人在刘大夫的忽悠下，花了近两万元钱购买特效药。

回到家中，刘大婶将此事告诉了儿子，儿子看了这所谓的特效药，发现它就是市面上很常见的保健品，根本没法治疗疾病，市价也就几百块钱。刘大婶一家三口来到体检地点退钱时，发现已经人去楼空！

律师说法

这是一起常见的“免费体检”骗局，骗子们往往以“免费体检”为借口将老年人忽悠到某地进行体检，然后编造老年人有某种严重甚至危及生命的疾病，将保健品甚至是对身体有害的假药高价卖给老年人，将老年人的积蓄骗走。我们提示老年人，天上不会掉馅饼，不要贪图小便宜，体检要去正规的医疗机构，在马路边散发小广告的免费体检活动，可能是骗子的陷阱，等着老年人往里跳，所以我们不建议老年人参加在路边宣传的免费体检。

2. 免费赠药要当心，连哄带骗忽悠你！

郭女士 60 多岁，喜欢晨练，经常去街心公园锻炼身体。某天，她在公园溜达时看见有人发传单，传单上写着中国保健老年协会明天将在街心公园对面的店里举行大型健康讲座，并对老年人进行免费赠药。郭女士一听有免费赠药这么好的事，自己可不能落于人后，第二天便如约而至。讲座主要介绍了一款治疗心脑血管的神奇胶囊，厂家为了敬老、爱老，进行现场赠药，为避免浪费，只能赠给真正有疾病的老人，所以领取赠药的老人需缴纳2000元的押金，待吃完两个疗程的药物后厂家再把2000元押金退回。主讲人说完，连同郭女士在内的多名老人纷纷拿出钱跟主办方换取赠药。

回到家中，头脑渐渐冷静后的郭女士感觉自己上当受骗了，等她拿出赠药仔细阅读说明书时，才发现这药就是再普通不过的保健口服液，压根跟治疗疾病无关。郭女士回到讲座地点找人理论，但办理讲座的人早已不见了踪影。

律师说法

免费赠药，往往是一些不法分子利用保健品充当高价药品，以交押金等形式向老年人高价推销。他们往往先以免费为诱饵，打消老年人的疑虑并获得信任，再用类似交押金的方式骗得钱款。我们建议老年人，一定要当心“免费赠药”活动，在免费赠送的背后可能藏着更大的阴谋。并且，谁都不清楚赠送的是不是药品，万一吃坏了身体，那可就得不偿失了。

3. 购物返利很美好，骗你钱财没商量！

某公司特意在某公园附近设置摊点，给过往的老年人发送购物袋、小扇子等礼品，退休职工李大爷看见有礼品送，就凑了过去。李大爷登记完手机号码后，工作人员告诉他，他们来自一家高科技公司，正在促销各种保健内衣，只要穿上他们生产的内衣，什么风湿病、高血压、糖尿病就都好了。“不仅如此，购买内衣的顾客还能每月领取返利，也就是说老年人买了我们的产品，不仅成了我们的顾客，还是我们的股东，按月领取分红。”李大爷见有利可图，便交纳了5000元，拿走两套高科技保暖内衣，并喜滋滋地期待着每月几百块的分红。

律师说法

保健品或者保健器械往往被商家贴上高科技的标签，上面往往有各种国际认证、进口标示，其目的就是让老年人认为这是高档商品，忽悠老年人购买。不仅如此，骗子还以投资返利为由骗老年人入局，最终老年人买到手的东西不仅没有半点治疗作用，手里的钱也被骗子骗光了。

我们建议老年人，如果有人向您推销保健器械类产品，宣称有各种神奇治疗作用，一定要向正规医生询问意见，不要盲目相信推销人员的花言巧语。

4. 免费旅游不要去，旅游过后钱掏空！

王师傅是某单位的退休职工，退休后的生活很惬意，他每天都到处遛弯。一天，王师傅走出单元门时，被旁边公告栏上一张“大字报”吸引，上面写着醒目的“好消息”三个大字，大致内容是，某旅游公司联合某医疗协会，特别为本小区60岁以上的退休老年人提供免费健康一日游的活动，不仅提供可口的健康美食，还专门配备治疗各种疾病的专家随行，为老年人诊治。

免费旅游对王师傅的吸引力非常大，他没跟家里人商量，第二天就坐上了组织者的大巴车。在车上，工作人员对旅游的事只字不提，而是一上来就对老年人嘘寒问暖，询问他们身体有没有什么毛病，最近在吃什么药，就在这一路的询问中，大巴车停在一个厂房面前。工作人员告诉王师傅等老年人，这里是他们的产业基地，欢迎各位老年人参观。在工作人员的“洗脑”下，王师傅等老年人花了近万元购买一种所谓的高血压治疗仪，工作人员宣称只要每天用这个治疗仪照一下全身，高血压就能根除。可等王师傅回到家拆开包装，才发现这个治疗仪是三无产品，他给工作人员打电话，对方的电话一直处于无人接听状态。王师傅这才意识到，自己上当受骗了。

律师说法

近些年，一些不法分子打着免费旅游的旗号诓骗老年人，借机推销三无产品，主要目的是逃避卫生部门的监管，骗取老年人的钱财。这种骗局的特点是流动性强，往往骗完一个地方的老年人就转移去其他地方再次行骗，不易被执法部门查处。此外，打着旅游的旗号很容易让老年人放松戒备。有许多老年人觉得免费得到招待，心里过意不去，加上不法分子的各种忽悠和诱惑，最终花高价买了一些根本用不上的东西。

我们建议老年人，但凡遇到免费旅游的宣传，一定要敬而远之。要知道，天下没有免费的午餐，所谓的免费旅游百分之百是各种高价推销会，目的就是骗走老年人口袋里的钱财。

5. 冒充身份要警惕，上门忽悠别大意！

一天，70 多岁的李女士刚拎着从早市买的菜气喘吁吁进了家门，就听见有人按门铃。李女士通过猫眼看到是两名佩戴胸牌、西装革履的年轻女性，就放松了警惕，打开了门。这两个人自称是县卫生局的工作人员，上门登记老年人的信息，老年人本人的身份信息和亲人的信息都得登记，说是给老年人办理急救卡，只要老年人突发疾病，凭此急救卡就能获得免费救治。李女士没想到的是，自从她登记完信息后，就有各种各样的推销电话打来，不断地邀请她去听各种健康讲座。结果可想而知，70 多岁的李女士一步一步落入圈套，糊里糊涂地购买了近十万元的保健品，关键是李女士吃了这些能“治病”的高价保健品后，身体状况没有任何改观，甚至有时还会头晕。

律师说法

在我国，公职人员不会也不能上门推销商品。现实生活中有很多不法分子冒充公职人员，打着为老年人办好事的幌子推销各种保健品等物品，老年人应擦亮双眼，提高警惕。我们建议老年人，只要有人打着公职人员的幌子上门登记各种信息，在提供信息前，一定要拨打相关职能部门的电话了解情况，如果不知道电话，可以拨打12345“非紧急救助服务系统”进行咨询。切记不要向陌生人提供自己的详细信息，避免上当受骗，落入骗子设定好的陷阱。

6. 购买电子产品要当心，低价产品不要买！

吴师傅退休多年，闲来无事就喜欢去家附近的电子产品市场溜达，其实不是要买什么，就是觉得这地方都是高科技，过来长长见识。某天，吴师傅路过一家店铺时，一个年轻人向他跑了过来，手里还拿着一台据说是最新型号的手机。该年轻人向吴师傅问道：“我看您每天都来，是不是要买手机啊？”面对这突如其来的询问，吴师傅表示自己只是遛弯而已，并且对对方推销的手机不感兴趣。可这个年轻人并没有就此别过的意思，还是堵着吴师傅不让他走，有点不买手机就不放人的意思。年轻人说：“这其实是一台水货手机，要比市价便宜3000多元，大爷您自己不用，也可以给孩子买一台啊。”“什么？比市价便宜3000多块钱？那你这台手机卖多少钱？”吴师傅有点动心地问道，因为他知道自己的儿子最近正准备换手机。年轻人故作神秘地说：“只要4000元就行。”吴师傅摆了摆手说：“4000元买一个打电话的东西，太贵了，不要。”经过几番讨价还价，年轻人将价格直接降到了900元。价格一下子降了这么多，反倒让吴师傅起了疑心，吴师傅以自己身上没这么多钱为由，还是拒绝了购买。年轻人见吴师傅还是没有掏钱的意思，也就悻悻地离开了。

律师说法

电子产品主要包括笔记本电脑、手机、平板电脑、随身听等物品，不法分子利用老年人不懂，设置各种陷阱欺骗老年人，欺骗手段主要有以下几种：

（1）将“水货”当行货卖，或者干脆将翻新过的二手货当新货卖。

（2）擅自将厂商提供的赠品扣下来，之后加价出售给老年人。

（3）擅自调换正品配件，以次充好。

（4）通过低价吸引眼球，将假冒伪劣电子产品出售给老年人。

在此我们提醒老年人，如果您要购买电子产品，一定要在家人的陪同下购买，此外，还要去正规的专卖店或者代理商处购买。对于价格过低的电子产品，不要理会，基本都是骗局。购买电子产品后，一定要向出售方索要发票，将来出现问题也方便维权。不要在马路边向私人购买，因为他们手里的东西是假货或者盗窃而来的概率很高，老年人很难分辨。

7. 购买首饰要当心，鱼目混珠防不胜防！

王女士是某单位的退休会计，在一次哄孙子的过程中，她的钻石项链被孙子拽断了，所以拿去首饰店维修。师傅在维修过程中告诉王女士，她那条链子虽然是K金的，但那颗石头却不是钻石，是一种俗称“莫桑钻”的假钻石。王女士一听，差点没气晕过去，这条钻石项链是她在朋友圈通过微商那里买的，没想到竟然买到了假钻石！维修的师傅告诉王女士，“莫桑钻”和真钻石的价格差了很远，王女士肯定是被骗了。

律师说法

由于珠宝首饰种类繁多、品质不一，所以一般老百姓，尤其是老年人很难鉴别，骗子就常常以次充好、以假乱真，如将“莫桑钻”当真钻石出售。甚至有的销售者会在发票上做手脚，故意不写品质、等级，只写首饰名称，将来出现问题，消费者也不好维权。

我们建议，老年人一定要选择正规专卖店购买首饰，千万不要购买低于正常市场价的首饰，因为这可能是街头游商兜售的残次品。购买首饰，如钻石、翡翠类产品，要索要可以通过互联网查询的鉴定证书；要向销售者索要购物发票，并要求写清楚你购买的首饰的名称和型号以及编号。

8. 购买家电要当心，贪图便宜必被骗！

李大爷家里的电视机坏了，他去一家维修店咨询维修价格时被告知由于电视机型号太老，维修起来不仅成本高，看不了多久还得坏，所以店主建议李大爷购买一台液晶电视，不仅便宜省电，还不爱坏。于是李大爷花2000元在这家维修店购买了一台32寸的液晶电视。可没过一个月，这台32寸的液晶电视就突然冒烟烧坏了。事后经过有关部门的调查，原来这家维修店卖给李大爷的电视机是一台维修过的改装品，质量根本没有保障。

律师说法

部分老年人对于家电的认识几乎还停留在二十世纪八九十年代的水平，对于新生事物很难辨别优劣。所以我们建议，老年人购买家电一定要去正规的家电卖场，要选购知名品牌的产品，坚决不要购买一些来路不明的山寨品牌。不要购买低于正常价格的家电，因为价格过低的大部分都是翻新产品。购买家电记得索要正规发票和售后维修凭证，以备将来维修所需。

9. 购买家具要当心，避免调包出纠纷！

刘老汉的儿子乔迁新居，他准备送儿子一套家具作为新居礼物。刘老汉和老伴去家具城选购，看中了一套价值16888元的组合家具。刘老汉和商家签完单，约定第二天送货安装。第二天，家具城的工人如约上门安装，在安装过程中，刘老汉并未发现异常，可等家具城的工人走后，刘老汉仔细检查发现这套家具在材质上明显与前一天看到的样品有区别，并且在家具侧面发现不同程度的裂痕和修补的痕迹。刘老汉当即电联商家，表示自己不接受这样的家具，并要求商家予以退货。但商家以刘老汉已收货为由，拒绝退货。

律师说法

本案的商家采用以次充好和调包的方式，给刘老汉安装与样品不一样的家具，并且还有修补的痕迹。这个案例告诫老年人，购买家具这种大件商品，一定要现场安装并仔细检查，虽然事后有追究对方责任的救济途径，但不如一开始就仔细检查，在发现问题的第一时间跟商家交涉。为了避免老年人再遇到上述事件，我们作出以下提示：

（1）购买家具时，要在合同上注明家具的品牌、款式、质量、型号。

（2）当场验货，发现任何可疑，即刻与商家交涉。

（3）购买高档家具时，提前做好功课，了解相关家具的基础知识。

（4）尽量选择大品牌家具，坚决不选择山寨家具！

（5）出现纠纷及时向市场监管、质检等主管部门投诉，进而更好地维护自己的合法权益。

10. 网上购物要当心，连环骗局等着你！

高师傅已退休多年，随着互联网的普及，他跟儿子学会了上网打牌、下象棋、打麻将等。不仅如此，他还听说网上买东西很便宜，于是跃跃欲试地想从网上买点东西。一次，高师傅正在上网，电脑突然弹出一个网页，内容是某网络商城在搞年度促销活动，所有商品均1折起。高师傅通过浏览网页，相中了一款数码摄像机，标价999元。“这也太便宜了，有点不敢相信自己的眼睛。”高师傅在咨询客服时说出了自己的兴奋和疑惑。客服告诉高师傅，这些商品都是免税的商品，所以很便宜。于是高师傅带着激动的心情，按照客服的提示给其汇去了999元。客服告诉高师傅，3—5天就能收到货。

一个多礼拜过去了，还是迟迟不见有人给高师傅送货，高师傅致电客服，客服的反馈是高师傅购买的数码摄像机被海关扣了，要补交500块钱的关税才能放行。没办法，谁叫自己喜欢那款摄像机呢，于是高师傅按照客服的指示汇去了500块钱。一个星期后，高师傅还是没收到货，咨询后客服又反馈，还得缴纳800元保证金才能放行。“怎么老是让我交钱啊？也不见你们发货。”高师傅在电话里提出自己的质疑后，客服竟然挂断了电话，他再拨打过去，已经无法接通。直到这个时候，高师傅才意识到自己上当受骗了。

律师说法

网络购物属于时下非常流行的购物方式，能满足人们足不出户就购物的愿望。但愿望是美好的，现实却不都尽如人意，所以老年人进行网络购物时，要警惕各种各样的欺诈。常见的欺诈手段如下：

（1）超低价诱惑。如果网络商城的商品价格非常低，如市场价 3000 元，网络商城价格几百元，那基本上就是个骗局，建议老年人不要购买。

（2）大奖等着你。不法分子利用人们贪小便宜的心理，虚构一些购物中奖骗局，进而骗取老年人的钱财。

（3）虚假广告宣传。老年人浏览网页看上并付款的商品，与实际收到货的根本就不是同一件商品，这就属于典型的虚假宣传，采用“狸猫换太子”的方式进行欺诈。

我们建议老年人在进行网络购物时，不要被超低价广告所诱惑，如果要进行网络购物，必须选择有网络经营资质的商城，这些正规的商城都会在页面底部有明显的标识。就付款方式而言，建议选择有第三方担保或者货到付款的方式。订单形成后，要注意保留聊天记录、下单截图、付款截图等资料，以便将来出现纠纷时作为索赔证据。

11. 街头骗局要注意，贪小便宜被骗钱！

退休职工王某有一次去早市买菜时，看见有几个人围着一个小贩，就凑过去看热闹，只见一个男人正在吆喝，因着急回家过年，所以甩卖鸭毛，两箱共计 1600 元。围观的人中，有一个人表示想买，可身上钱不够，便和王某商量要不要一起合买，男子说自己叫赵某，认识某品牌羽绒服厂家的人，把这两箱鸭毛倒一手就能赚几千块。王某被说得有点动心，就回家取钱。回家后，王某将此事说与儿子听，儿子担心有诈，就和父亲一起去早市看看。早市上，卖鸭毛的人和赵某正在等待王某，而在来的路上，王某儿子已经拨打110报了警，那两人看见民警和王某父子一同前来，撒腿就跑。民警打开那两箱鸭毛，发现只有上面一层是鸭毛，底下全是废旧报纸，压根就不值钱，王某是遇上骗子了。

律师说法

在这类街头骗局中，不法分子通常是团伙作案，各自扮演不同的角色，以本案为例，一人负责出售鸭毛，编织美丽谎言，另一人负责拉拢围观群众，尤其是老年人，老年人很容易成为骗子们的猎物。我们建议老年人，在街头遇见类似骗局，不要贪图小便宜，应当绕道走，不要围观，一旦被骗子盯上，不要头脑发热掏钱，一定要和家人通电话，征询家人的意见。

12. 股票骗局也是坑，高价换来一张废纸！

刘大爷和李大婶遛弯时，被两个年轻人拦住了去路。刘大爷很反感，转头就走，可两个年轻人穷追不舍，边走边介绍自己的投资项目。他们跟两位老人说，自己是一家有限公司的负责人，公司周六要举办年会，邀请老年人参加，并且有礼品相送。为了尽早摆脱二人，刘大爷只好留下了自己的联系方式。周五晚上，刘大爷接到了年会举办方的电话，对方软磨硬泡，刘大爷无奈之下只好答应去看看。

周六上午，公司专门派了一辆中巴车来接刘大爷两口子，并将他们送到一处酒店。刘大爷和李大婶进去后发现里面非常热闹，许多老年人在喝茶吃瓜子，工作人员也非常热情。年会开始后，自称是投资总监的李某上台进行自我介绍，并告诉大家一个好消息，说他们公司现在发行原始股，专门提供给退休在家的老年人，每股 8 块钱，一个月后公司可以按照每股 16 块钱回购，也就是说老年人每卖出一股可以赚 8 块钱，但要求每人最少投资 1000 股。李某极富感染力的演说打动了在场的大多数老人。刘大爷两口子也决定入股，于是他们在工作人员的安排下填写了原始股申请表，以刷银行卡的形式向这家有限公司投资了 8000 元。一个月后，这家有限公司失联，连同刘大爷在内的多名老年人才意识到自己上当受骗了。

律师说法

原始股骗局是随着近年来股票市场的不断发展衍生出的一种新式骗局，由于现实中上市公司发行新股产生的溢价利润非常可观，才使得众多不明真相的老年人纷纷投资，一不小心就上当受骗。

我们建议老年人，如果对股票投资没有任何了解，或者有一定的了解，要注意以下几点：

（1）购买股票必须去合法的证券经营机构，那种租个地方就叫你当场掏钱买股票的“公司”，一定是骗子。

（2）根据我国法律规定，有限责任公司是不允许对外发行股票的，所以凡是有限责任公司发行股票的，一定是骗局。

（3）根据我国法律规定，股份有限公司的发起人持有的本公司股份，也就是所谓的“原始股”，一年内是禁止转让的，所以凡是告诉你一个月就能转让兑现的，一定也是骗局。

（4）不要被高额分红迷惑，如果你根本不了解一支股票的具体情况，那么我们建议你不要碰，因为购买一支股票，当然我们这里说的是合法股票，是必须了解这家上市公司的运营情况的，如果什么都不了解就盲目投资，几乎没有盈利的可能。

13. 商铺售后返租骗局揭秘，高价换来不能过户的房产！

某房地产开发公司组织老年人参观他们开发的商铺。公司负责人跟老年人讲，由于公司需要资金周转，所以忍痛出售繁华地段的商铺500个，不仅价格优惠，而且购买商铺的人还能将商铺返租给公司，由公司负责管理，按照商铺面积大小，公司每年返房款总价的10%作为铺位租金。很多老年人被售后返租所吸引，之后几天陆陆续续掏钱购买，据统计平均每位老年人支付了10万元左右的铺位款。可当一些老年人准备去办理产权登记时，却被告知这些铺位虽然是某房地产开发公司开发的，但早在一年前就被法院查封了，根本办理不了产权证。

律师说法

商铺售后返租是近年来兴起的一种商业产权商铺销售模式，

是指商铺开发商或者所有者将商铺出售后，新业主再租给前业主，前业主按月或者按年支付租金，待租赁期满后，业主可以自由处分商铺。由于投资目的明显，且具有一定的营利性，所以这种模式受到一些房产投资者的青睐。但是，骗子们也往往借机利用这种模式对老年人行骗，我们提示有这种投资意向的老年人注意以下几点：

（1）选择正规的开发商，购买商铺前先查询开发商的信息，核实其资质。

（2）一定要去商铺周边调查客源情况或者地段的发展情况，不要轻信推销员的吹嘘，如果你不去考察，仅凭广告推销就购买，风险很大。

（3）购买二手商铺前一定要去房产登记部门查询产权实际情况，如果该商铺被抵押或者被法院查封，在解押或者解封前，不建议购买。

（4）仔细阅读商铺买卖合同，对于产权信息、售后返租的租金支付方式以及违约责任的承担等条款一定要仔细斟酌，毕竟购买商铺等不动产是人生大事，可能会动用老年人的全部养老金，有条件的可以委托专业法律人员一同前往购买商铺。

14. 街头宝物不要买，珍宝不会现街头！

高大爷闲来遛弯时，在公园里看见一个民工模样的人蹲在地上，面前放着一尊青铜色的佛像，上面还粘了不少泥土。民工看见高大爷，就站起来和他搭话，在聊天过程中，高大爷得知这尊小铜佛是这个民工在工地挖出来的，是古董，民工准备把它卖了换一笔钱回家过年。民工见高大爷有些心动，便开价5000元，高大爷摆了摆手，表示自己可没这么多钱，准备转身离开。民工当然不会就这么放走高大爷，便让高大爷开价，高大爷表示去掉一个零，500元自己倒是愿意买。民工表示很舍不得卖这么低的价，但自己是从工地偷溜出来的，还得赶回去干活，所以便500元卖给了高大爷。高大爷回家后擦掉佛像上的泥土，才发现上当受骗了，原来他买了一个经过人工上色的假古董。

律师说法

在街头拿假古董行骗的骗局已经屡见不鲜，但总有很多人上当受骗，究其原因还是贪小便宜，所以我们劝诫老年人，真古董不可能在街头出售，也不要购买有人上门推销的古董，这些统统是骗局。此外，如果老年人真想购买古董收藏，一定要聘请专家进行鉴定，不要急于付款，等辨别出真伪后再付款也不迟！

15. 收藏品骗局要警惕，骗子专骗老年人！

赵师傅在某公园遛弯时，有一个拎着手提袋的年轻人上来搭话，说自己是某收藏品公司的业务员，公司为了宣传形象在搞免费赠送收藏品的活动，说完便拿出手提袋里的一个盒子，打开盒子后，里面是一个金镶玉的如意。年轻人只让赵师傅看了一眼，就收了起来。赵师傅表示，这真是免费赠送的？业务员说当然免费赠送，但要收取200元的人工费。赵师傅心想花200元也值啊，马上就掏出200元塞给了年轻人，年轻人也将手提袋递给了赵师傅。收完钱的年轻人马上消失在了人群中，赵师傅打开手提袋里的盒子时，才发现里面根本不是什么金镶玉的如意，只是一个塑料制品。

律师说法

收藏品骗局也是近年来的热门骗局之一，既可能发生在街头，也可能发生在被骗者住所附近，骗子往往会采取以下手法行骗：

（1）巧立名目，如打着庆祝香港回归、改革开放等旗号对自己进行包装。

（2）虽说是免费赠送，但实际上又以人工手续费、人工费等为借口敛财。

（3）抬高价格，并不是所有收藏品骗局都免费赠送，有的老年人信奉“只有贵的东西才是真的”，骗子会利用这一点让老年人花高价购买一些不值钱的字画、现代瓷器、仿冒古钱币等。

（4）证书、广告宣传一个都不少。骗子们会联合一些山寨协会，制作所谓的证书，还会大肆进行广告宣传，目的都是抬高收藏品的价位，并且让老年人相信是正品。

鉴于收藏品的水太深，货真价实的高档收藏品也不太可能被拿来出售，所以我们建议老年人尽量远离投资收藏品，如果一定要购买收藏品，老年人应当做足功课，不要盲目相信业务员的推销。有价值的收藏品必须具有艺术和观赏价值，必须具有深远的意义，存世数量必然稀少。

热线咨询

1. 什么是诈骗罪？犯诈骗罪会受到何种处罚？

诈骗罪指的是以非法占有为目的，用虚构事实或者隐瞒真相的方法，骗取数额较大的公私财物的行为。

诈骗公私财物，数额较大的，处三年以下有期徒刑、拘役或者管制，并处或者单处罚金；数额巨大或者有其他严重情节的，处三年以上十年以下有期徒刑，并处罚金；数额特别巨大或者有其他特别严重情节的，处十年以上有期徒刑或者无期徒刑，并处罚金或者没收财产。

2. 什么样的诈骗行为会被从严处罚？

诈骗公私财物价值 3000 元至 1 万元以上、3 万元至 10 万元以上、50 万元以上的，应当分别认定为“数额较大”“数额巨大”“数额特别巨大”。

诈骗公私财物达到上述数额标准，具有下列情形之一的，可以酌情从严惩处：

（1）通过发送短信、拨打电话或者利用互联网、广播电视、报纸杂志等发布虚假信息，对不特定多数人实施诈骗的；

（2）诈骗救灾、抢险、防汛、优抚、扶贫、移民、救济、医疗等款物的；

（3）以赈灾募捐名义实施诈骗的；

（4）诈骗残疾人、老年人或者丧失劳动能力人的财物的；

（5）造成被害人自杀、精神失常或者其他严重后果的。

3. 发短信和打电话忽悠人的，何种情况属于诈骗未遂?

利用发送短信、拨打电话、互联网等电信技术手段对不特定多数人实施诈骗，诈骗数额难以查证，但具有下列情形之一的，应当认定为《刑法》第二百六十六条规定的“其他严重情节”，以诈骗罪（未遂）定罪处罚：

（1）发送诈骗信息5000条以上的；

（2）拨打诈骗电话500人次以上的；

（3）诈骗手段恶劣、危害严重的。

4. 骗子将骗来的财物用于清偿债务，何种情况下应当予以追缴?

行为人已将诈骗财物用于清偿债务或者转让给他人，具有下列情形之一的，应当依法追缴：

（1）对方明知是诈骗财物而收取的；

（2）对方无偿取得诈骗财物的；

（3）对方以明显低于市场的价格取得诈骗财物的；

（4）对方取得诈骗财物系源于非法债务或者违法犯罪活动的。

5. 什么是电信网络诈骗？从重处罚的电信诈骗行为包括哪些？

电信网络诈骗指的是行为人通过电话、网络和短信方式，利用虚假信息，设置骗局，对受害人实施远程、非接触式诈骗，诱使受害人打款或转账的犯罪行为。

实施电信网络诈骗犯罪，达到相应数额标准，具有下列情形之一的，酌情从重处罚：

（1）造成被害人或其近亲属自杀、死亡或者精神失常等严重后果的；

（2）冒充司法机关等国家机关工作人员实施诈骗的；

（3）组织、指挥电信网络诈骗犯罪团伙的；

（4）在境外实施电信网络诈骗的；

（5）曾因电信网络诈骗犯罪受过刑事处罚或者二年内曾因电信网络诈骗受过行政处罚的；

（6）诈骗残疾人、老年人、未成年人、在校学生、丧失劳动能力人的财物，或者诈骗重病患者及其亲属财物的；

（7）诈骗救灾、抢险、防汛、优抚、扶贫、移民、救济、医疗等款物的；

（8）以赈灾、募捐等社会公益、慈善名义实施诈骗的；

（9）利用电话追呼系统等技术手段严重干扰公安机关等部门工作的；

（10）利用“钓鱼网站”链接、“木马”程序链接、网络渗透等隐蔽技术手段实施诈骗的。

6. 协助电信网络诈骗分子转移财物的何种行为构成犯罪？

明知是电信网络诈骗犯罪所得及其产生的收益，以下列方式之一予以转账、套现、取现的，依照《刑法》第三百一十二条第一款的规定，以掩饰、隐瞒犯罪所得、犯罪所得收益罪追究刑事责任，但有证据证明确实不知道的除外：

（1）通过使用销售点终端机具（POS 机）刷卡套现等非法途径，协助转换或者转移财物的；

（2）帮助他人将巨额现金散存于多个银行账户，或在不同银行账户之间频繁划转的；

（3）多次使用或者使用多个非本人身份证明开设的信用卡、资金支付结算账户或者多次采用遮蔽摄像头、伪装等异常手段，帮助他人转账、套现、取现的；

（4）为他人提供非本人身份证明开设的信用卡、资金支付结算账户后，又帮助他人转账、套现、取现的；

（5）以明显异于市场的价格，通过手机充值、交易游戏点卡等方式套现的。

7. 何种行为构成电信网络诈骗的共犯？

明知他人实施电信网络诈骗犯罪，具有下列情形之一的，以共同犯罪论处，但法律和司法解释另有规定的除外：

（1）提供信用卡、资金支付结算账户、手机卡、通信工具的；

（2）非法获取、出售、提供公民个人信息的；

（3）制作、销售、提供“木马”程序和“钓鱼软件”等恶意程序的；

（4）提供“伪基站”设备或相关服务的；

（5）提供互联网接入、服务器托管、网络存储、通信传输等技术支持，或者提供支付结算等帮助的；

（6）在提供改号软件、通话线路等技术服务时，发现主叫号码被修改为国内党政机关、司法机关、公共服务部门号码，或者境外用户改为境内号码，仍提供服务的；

（7）提供资金、场所、交通、生活保障等帮助的；

（8）帮助转移诈骗犯罪所得及其产生的收益，套现、取现的；

（9）负责招募他人实施电信网络诈骗犯罪活动，或者制作、提供诈骗方案、术语清单、语音包、信息等的。

对于是否“明知他人实施电信网络诈骗犯罪”，应当结合被告人的认知能力，既往经历，行为次数和手段，与他人关系，获利情况，是否曾因电信网络诈骗受过处罚，是否故意规避调查等主客观因素进行综合分析认定。

8. 哪些行为属于非法吸收公众存款或者变相吸收公众存款?

违反国家金融管理法律规定，向社会公众（包括单位和个人）吸收资金的行为，同时具备下列四个条件的，除《刑法》另有规定的以外，应当认定为《刑法》第一百七十六条规定的“非法吸收公众存款或者变相吸收公众存款”：

（1）未经有关部门依法批准或者借用合法经营的形式吸收资金；

（2）通过媒体、推介会、传单、手机短信等途径向社会公开宣传；

（3）承诺在一定期限内以货币、实物、股权等方式还本付息或者给付回报；

（4）向社会公众即社会不特定对象吸收资金。

未向社会公开宣传，在亲友或者单位内部针对特定对象吸收资金的，不属于非法吸收或者变相吸收公众存款。

9. 常见的非法吸收公众存款的行为有哪些?

（1）不具有房产销售的真实内容或者不以房产销售为主要目的，以返本销售、售后包租、约定回购、销售房产份额等方式非法吸收资金的；

（2）以转让林权并代为管护等方式非法吸收资金的；

（3）以代种植（养殖）、租种植（养殖）、联合种植（养殖）等方式非法吸收资金的；

（4）不具有销售商品、提供服务的真实内容或者不以销售商品、提供服务为主要目的，以商品回购、寄存代售等方式非法吸收资金的；

（5）不具有发行股票、债券的真实内容，以虚假转让股权、发售虚构债券等方式非法吸收资金的；

（6）不具有募集基金的真实内容，以假借境外基金、发售虚构基金等方式非法吸收资金的；

（7）不具有销售保险的真实内容，以假冒保险公司、伪造保险单据等方式非法吸收资金的；

（8）以投资入股的方式非法吸收资金的；

（9）以委托理财的方式非法吸收资金的；

（10）利用民间“会”“社”等组织非法吸收资金的。

10. 骗子非法吸收或者变相吸收公众存款，在什么情形下会被追究刑事责任？

非法吸收或者变相吸收公众存款，具有下列情形之一的，应当依法追究刑事责任：

（1）个人非法吸收或者变相吸收公众存款，数额在20万元以上的，单位非法吸收或者变相吸收公众存款，数额在100万元以上的；

（2）个人非法吸收或者变相吸收公众存款对象30人以上的，

单位非法吸收或者变相吸收公众存款对象 150 人以上的；

（3）个人非法吸收或者变相吸收公众存款，给存款人造成直接经济损失数额在 10 万元以上的，单位非法吸收或者变相吸收公众存款，给存款人造成直接经济损失数额在 50 万元以上的；

（4）造成恶劣社会影响或者其他严重后果的。

11. 怎样判断非法集资是否以非法占有为目的？

使用诈骗方法非法集资，具有下列情形之一的，可以认定为“以非法占有为目的”：

（1）集资后不用于生产经营活动或者用于生产经营活动与筹集资金规模明显不成比例，致使集资款不能返还的；

（2）肆意挥霍集资款，致使集资款不能返还的；

（3）携带集资款逃匿的；

（4）将集资款用于违法犯罪活动的；

（5）抽逃、转移资金、隐匿财产，逃避返还资金的；

（6）隐匿、销毁账目，或者搞假破产、假倒闭，逃避返还资金的；

（7）拒不交代资金去向，逃避返还资金的；

（8）其他可以认定非法占有目的的情形。

12. 哪些行为构成虚假广告罪？

广告经营者、广告发布者违反国家规定，利用广告为与非法集资活动相关的商品或者服务作虚假宣传，具有下列情形之一的，依照《刑法》第二百二十二条的规定，以虚假广告罪定罪处罚：

（1）违法所得数额在10万元以上的；

（2）造成严重危害后果或者恶劣社会影响的；

（3）2年内利用广告作虚假宣传，受过行政处罚2次以上的；

（4）其他情节严重的情形。

明知他人从事欺诈发行股票、债券，非法吸收公众存款，擅自发行股票、债券，集资诈骗或者组织、领导传销活动等集资犯罪活动，为其提供广告等宣传的，以相关犯罪的共犯论处。

13. 什么是传销？何种行为构成传销？

传销是指组织者或者经营者发展人员，通过对被发展人员以其直接或者间接发展的人员数量或者销售业绩为依据计算和给付报酬，或者要求被发展人员以交纳一定费用为条件取得加入资格等方式牟取非法利益，扰乱经济秩序，影响社会稳定的行为。

下列行为属于传销行为：

（1）组织者或者经营者通过发展人员，要求被发展人员发展其他人员加入，对发展的人员以其直接或者间接滚动发展的人员数量为依据计算和给付报酬（包括物质奖励和其他经济利益，下同），牟取非法利益的；

（2）组织者或者经营者通过发展人员，要求被发展人员交纳费用或者以认购商品等方式变相交纳费用，取得加入或者发展其他人员加入的资格，牟取非法利益的；

（3）组织者或者经营者通过发展人员，要求被发展人员发展其他人员加入，形成上下线关系，并以下线的销售业绩为依据计算和给付上线报酬，牟取非法利益的。

14. 市场监管部门查处涉嫌传销的行为时可以采取什么措施？

县级以上市场监管部门对涉嫌传销的行为进行查处时，可以采取下列措施：

（1）责令停止相关活动；

（2）向涉嫌传销的组织者、经营者和个人调查、了解有关情况；

（3）进入涉嫌传销的经营场所和培训、集会等活动场所，实施现场检查；

（4）查阅、复制、查封、扣押涉嫌传销的有关合同、票据、账簿等资料；

（5）查封、扣押涉嫌专门用于传销的产品（商品）、工具、设备、原材料等财物；

（6）查封涉嫌传销的经营场所；

（7）查询涉嫌传销的组织者或者经营者的账户及与存款有关的会计凭证、账簿、对账单等；

（8）对有证据证明转移或者隐匿违法资金的，可以申请司法机关予以冻结。

市场监督管理部门采取上述措施，应当向县级以上市场监督管理部门主要负责人书面或者口头报告并经批准。遇有紧急情况需要当场采取措施的，应当在事后立即报告并补办相关手续；其中，实施上述的查封、扣押，以及第（7）项、第（8）项规定的措施，应当事先经县级以上市场监督管理部门主要负责人书面批准。

15. 传销活动的组织者、领导者包括哪些人？

下列人员可以认定为传销活动的组织者、领导者：

（1）在传销活动中起发起、策划、操纵作用的人员；

（2）在传销活动中承担管理、协调等职责的人员；

（3）在传销活动中承担宣传、培训等职责的人员；

（4）曾因组织、领导传销活动受过刑事处罚，或者1年以内因组织、领导传销活动受过行政处罚，又直接或者间接发展参与传销活动人员在15人以上且层级在三级以上的人员；

（5）其他对传销活动的实施，传销组织的建立、扩大等起关键作用的人员。

16. 传销活动的组织者、领导者有何种情形时构成情节严重？

传销组织的组织者、领导者具有下列情形之一的，应当认定为情节严重：

（1）组织、领导的参与传销活动人员累计达120人以上的；

（2）直接或者间接收取参与传销活动人员交纳的传销资金数额累计达250万元以上的；

（3）曾因组织、领导传销活动受过刑事处罚，或者1年以内因组织、领导传销活动受过行政处罚，又直接或者间接发展参与传销活动人员累计达60人以上的；

（4）造成参与传销活动人员精神失常、自杀等严重后果的；

（5）造成其他严重后果或者恶劣社会影响的。

17. 互联网传销有什么特点？

（1）传销头目隐匿幕后。互联网传销与传统传销的区别之一就是传销的头目或者组织者隐匿幕后，用虚假的身份和成员联系，服务器架设在国外，隐蔽性很强。

（2）受害人群遍布全国各地。由于互联网传播速度快，不受地域限制，传销渠道丰富，潜在可发展会员广泛，所以上当受骗的人遍布全国各地。

（3）传销产品呈虚拟化。传销人员打着“资本运作”“高科技”“数字虚拟货币”“国家产业支持”等幌子，对群众进行哄骗，这些“产品”都是看不见、摸不着的。

（4）传销运营成本低。传销人员只要建立一个网站，所有运营均通过互联网进行，无论在人力还是物力上都大大降低了成本。

（5）传销头目呈高学历化。由于通过互联网传销需要懂得网站建设、维护、组建商务平台和资金运作，因此互联网传销头目需要具有较高的文化水平。

18. 互联网传销骗局有哪些常见的形式？

（1）网页虚拟。这种互联网传销常以推广网页游戏、点击网页赚钱等形式，要求会员注册后进行充值获得相关权限，然后去拉人头，发展线下成员。传销人员在网页里设置各种积分、金币、钻石等虚拟货币，发展的人头越多，赚的积分等虚拟货币也就越多，但最后可能就是竹篮打水一场空，因为此类虚拟货币根本无法流通。

（2）玩转资本。这种互联网传销常常以资本运作自居，虚构原始股、高端理财、高端投资等幌子，同时许诺高回报，诱导群众注册获得会员资格，会员充值钱款后，获得发展线下成员的资格，当会员发展线下人头达到一定数量后，一般为几十人，就能从平台按月领取所谓的工资。

（3）网络购物商城。“这年头你如果没在网上买过东西，都不好意思说自己上过网。”正是利用这句话，传销人员打起网络购物商城的幌子，广大群众注册会员后获得发展线下成员的资格，凭借发展人头和线下成员购买商品（可能几块肥皂就卖到几百块的高价）的积分来领取所谓的工资。

（4）统统免费。“免费”是个好词汇，尤其是“免费购物”“免费领礼品”“购物返利”等展现在人们眼前的时候，很多人都难以抵抗其中的诱惑。而传销人员正是利用人们占便宜的心理，打着各种免费的幌子让人们注册会员，会员交纳一定费用和发展一定数量的人头后就能领取免费的东西，殊不知，这些“免费”东西，其实都是你和线下人员花钱买来的。

（5）互联网赌博。传销人员打着玩博彩游戏的幌子诱导网友进行充值，然后再以各种充值奖励或者返利诱惑网友拉人头，拉到的人头越多，获得的奖励越高。

（6）互联网互助。互联网互助是新生事物，传销人员也打起互助的主意，多以互助投资、互助治病、互助关爱等名义诱导人们注册会员并充钱，如果会员拉的人头多，就能提高自己的互助金额上限。

19. 如何识别互联网传销骗局？

（1）看网站标志。按照我国法律规定，经营性网站必须有市场监管部门的红盾标志和 ICP 许可证标志。如果没有这两个标志，那基本可以判断这是一家非法网站，直接关闭就可以了。

（2）查看联系方式。当你浏览一家网站时，要看看它有没有提供详细的办公地点和联系电话。一般来说，正规合法的网站肯定会留有联系方式，方便客户进行联系沟通。

（3）查询网站信息。当你浏览一家网站，尤其是经营类网站时，你可以通过相关渠道，如 ICP 备案中心查询这家网站的所有人是谁，如果所有人是个人而不是企业，那你就要提高警惕了，遇见的可能就是骗子网站，因为开办经营类网站是需要提供营业执照的。

（4）网站运营合理性。传销的运营模式只有一种，就是拉人头。所以如果一家网站邀请你注册后，又提示需要添加推荐人或者指引你拉别人进来，就要小心了。

（5）网站商品价格的合理性。众所周知，传销骗子如果提供实物商品，那肯定贵得离谱，往往超过市场价好几倍甚至数十倍。所以你可以到实体店面或者其他正规网络商城比较一下价格，如果价格差距离谱，你就要小心了。

（6）网站绩效考核合理性。传销里有各种各样天花乱坠的绩效奖励，如推荐奖、领导奖、对碰奖等，而正规的公司一般没有这么多奇怪的奖励，如果一家网站的动态收益奖励机制过多，就要小心是否遇上传销了。

（7）网站的售后。正规的网络商城都会有一套完整的退换货或者维修售后机制。而传销网站会给客户设置各种各样的售后障碍，甚至根本没有售后服务。

（8）商品的流通度。正规网站上出售的货物基本都是线下市场能够流通的，你可以在各种实体店铺买得到。而传销网站仅看中你交的钱和拉人头多少，所以他们提供的商品性价比差，很少在市场流通，只作为下线入门的认购产品。据此，可以检查产品在市场中的流通程度，流通度越小，涉嫌互联网传销的可能性越大。

20. 什么是邪教组织？

邪教组织是指冒用宗教、气功或者以其他名义建立、神化、鼓吹首要分子，利用制造、散布迷信邪说等手段蛊惑、蒙骗他人，发展、控制成员，危害社会的非法组织。

21. 哪些与邪教有关的行为会受到刑事处罚?

组织利用邪教组织，破坏国家法律、行政法规实施，具有下列情形之一的，应当依照《刑法》第三百条第一款的规定，处 3 年以上 7 年以下有期徒刑，并处罚金：

（1）建立邪教组织，或者邪教组织被取缔后又恢复、另行建立邪教组织的。

（2）聚众包围、冲击、强占、哄闹国家机关、企业事业单位或者公共场所、宗教活动场所，扰乱社会秩序的。

（3）非法举行集会、游行、示威，扰乱社会秩序的。

（4）使用暴力、胁迫或者以其他方法强迫他人加入或者阻止他人退出邪教组织的。

（5）组织、煽动、蒙骗成员或者他人不履行法定义务的。

（6）使用“伪基站”“黑广播”等无线电台（站）或者无线电频率宣扬邪教的。

（7）曾因从事邪教活动被追究刑事责任或者两年内受过行政处罚，又从事邪教活动的。

（8）发展邪教组织成员 50 人以上的。

（9）敛取钱财或者造成经济损失 100 万元以上的。

（10）以货币为载体宣扬邪教，数量在 500 张（枚）以上的。

（11）制作、传播邪教宣传品，达到下列数量标准之一的：

①传单、喷图、图片、标语、报纸1000份（张）以上的；

②书籍、刊物250册以上的；

③录音带、录像带等音像制品250盒（张）以上的；

④标识、标志物250件以上的；

⑤光盘、U盘、储存卡、移动硬盘等移动存储介质100个以上的；

⑥横幅、条幅50条（个）以上的。

（12）利用通信信息网络宣扬邪教，具有下列情形之一的：

①制作、传播宣扬邪教的电子图片、文章200张（篇）以上，电子书籍、刊物、音视频50册（个）以上，或者电子文档500万字符以上、电子音视频250分钟以上的；

②编发信息、拨打电话1000条（次）以上的；

③利用在线人数累计达到1000人以上的聊天室，或者利用群组成员、关注人员等账号数累计1000个以上的通信群组、微信、微博等社交网络宣扬邪教的；

④邪教信息实际被点击、浏览数达到5000次以上的。

（13）其他情节严重的情形。

22. 组织、利用邪教组织蒙骗他人导致伤亡的，会受到何种处罚？

组织利用邪教组织，制造、散布迷信邪说，蒙骗成员或者他人绝食、自虐等，或者蒙骗病人不接受正常治疗，致人重伤、死亡的，应当认定为《刑法》第三百条第二款规定的组织、利用邪教组织“蒙骗他人，致人重伤、死亡”。

组织、利用邪教组织蒙骗他人，致1人以上死亡或者3人以上重伤的，处3年以上7年以下有期徒刑，并处罚金。

组织、利用邪教组织蒙骗他人，具有下列情形之一的，处7年以上有期徒刑或者无期徒刑，并处罚金或者没收财产：（1）造成3人以上死亡的；（2）造成9人以上重伤的；（3）其他情节特别严重的情形。

组织、利用邪教组织蒙骗他人，致人重伤的，处3年以下有期徒刑、拘役、管制或者剥夺政治权利，并处或者单处罚金。

23. 在哪些情形下，邪教组织犯罪会被从重处罚？

（1）与境外机构、组织、人员勾结，从事邪教活动的；

（2）跨省、自治区、直辖市建立邪教组织机构、发展成员或者组织邪教活动的；

（3）在重要公共场所、监管场所或者国家重大节日、重大活动期间聚集滋事，公开进行邪教活动的；

（4）邪教组织被取缔后，或者被认定为邪教组织后，仍然聚集滋事，公开进行邪教活动的；

（5）国家工作人员从事邪教活动的；

（6）向未成年人宣扬邪教的；

（7）在学校或者其他教育培训机构宣扬邪教的。

24. 什么是 P2P 网络借贷?

网络借贷是指个体和个体之间通过互联网平台实现的直接借贷。个体包含自然人、法人及其他组织。网络借贷信息中介机构是指依法设立，专门从事网络借贷信息中介业务活动的金融信息公司。该类机构以互联网为主要渠道，为借款人与出借人（即贷款人）实现直接借贷提供信息搜集、信息公布、资信评估、信息交互、借贷撮合等服务。

25. P2P 网络借贷平台不得有哪些行为?

（1）不得利用本机构互联网平台为自身或具有关联关系的借款人融资；

（2）不得直接或间接接受、归集出借人的资金；

（3）不得向出借人提供担保或者承诺保本保息；

（4）不得向非实名制注册用户宣传或推介融资项目；

（5）不得发放贷款，法律法规另有规定的除外；

（6）不得将融资项目的期限进行拆分；

（7）不得发售银行理财、券商资管、基金、保险或信托产品；

（8）除法律法规和网络借贷有关监管规定允许外，不得与其他机构投资、代理销售、推介、经纪等业务进行任何形式的混合、捆绑、代理；

（9）不得故意虚构、夸大融资项目的真实性、收益前景，隐瞒融资项目的瑕疵及风险，不得以歧义性语言或其他欺骗性手段进行虚假片面宣传或促销等，不得捏造、散布虚假信息或不完整信息损害他人商业信誉，误导出借人或借款人；

（10）不得向借款用途为投资股票市场的融资提供信息中介服务；

（11）不得从事股权众筹、实物众筹等业务；

（12）不得从事法律法规、网络借贷有关监管规定禁止的其他活动。

26. 遭遇 P2P 网络借贷平台爆仓跑路，该怎么办？

（1）登录 P2P 平台，下载或者保存交易记录，包括支付、回款等记录，将来报警或者诉讼时，可以作为证据提交。

（2）保存交易合同。P2P 网络借贷分为线上和线下两种，线上要保留电子合同，线下要保留纸质合同，合同亦是报警或者诉讼有力的证据。

（3）联系媒体或者建立维权群。自己的力量毕竟单薄，可以寻求媒体或者建立互联网维权群，迅速扩大影响，让被骗的人抱团或者让其他人知道骗钱的事实，大家一起进行维权追回资金可能性比较大。

（4）报警或者诉讼。P2P 网络借贷平台爆仓跑路后，受害者可以第一时间寻求警察的帮助。如果平台没有爆仓，只是延迟给付本金和利息，也可以通过诉讼解决。

此外，我们提醒广大老年人，面对各种各样的投资，一定要理性对待，如年利率超过10%的投资项目跑路风险非常高，尽量远离。

27. 什么是互联网保险？

互联网保险是指保险机构依托互联网和移动通信等技术，通过自营网络平台、第三方网络平台等订立保险合同、提供保险服务的业务。保险机构开展互联网保险业务，应遵守法律、行政法规的有关规定，不得损害保险消费者合法权益和社会公共利益。保险机构应保证互联网保险消费者享有不低于其他业务渠道的投保和理赔等保险服务，保障保险交易信息和消费者信息安全。

28. 开展互联网保险业务，应当具备什么条件？

保险机构开展互联网保险业务的自营网络平台，应具备下列条件：

（1）具有支持互联网保险业务运营的信息管理系统，实现与保险机构核心业务系统的无缝实时对接，并确保与保险机构内部其他应用系统的有效隔离，避免信息安全风险在保险机构内外部传递与蔓延。

（2）具有完善的防火墙、入侵检测、数据加密以及灾难恢复等互联网信息安全管理体系。

（3）具有互联网行业主管部门颁发的许可证或者在互联网

行业主管部门完成网站备案，且网站接入地在中华人民共和国境内。

（4）具有专门的互联网保险业务管理部门，并配备相应的专业人员。

（5）具有健全的互联网保险业务管理制度和操作规程。

（6）互联网保险业务销售人员应符合银保监会有关规定。

（7）中国银保监会规定的其他条件。

29. 互联网保险机构应当披露哪些内容?

保险机构应在开展互联网保险业务的相关网络平台的显著位置，以清晰易懂的语言列明保险产品及服务等信息，需列明的信息包括下列内容：

（1）保险产品的承保公司、销售主体及承保公司设有分公司的省、自治区、直辖市清单；

（2）保险合同订立的形式，采用电子保险单的，应予以明确说明；

（3）保险费的支付方式，以及保险单证、保险费发票等凭证的配送方式、收费标准；

（4）投保咨询方式、保单查询方式及客户投诉渠道；

（5）投保、承保、理赔、保全、退保的办理流程及保险赔款、退保金、保险金的支付方式；

（6）针对投保人（被保险人或者受益人）的个人信息、投保交易信息和交易安全的保障措施；

（7）中国银保监会规定的其他内容。

其中，互联网保险产品的销售页面上应包含下列内容：

（1）保险产品名称（条款名称和宣传名称）及批复文号、备案编号或报备文件编号；

（2）保险条款、费率（或保险条款、费率的链接），其中应突出提示和说明免除保险公司责任的条款，并以适当的方式突出提示理赔要求、保险合同中的犹豫期、费用扣除、退保损失、保险单现金价值等重点内容；

（3）销售人身保险新型产品的，应按照《人身保险新型产品信息披露管理办法》的有关要求进行信息披露和利益演示，严禁片面使用“预期收益率”等描述产品利益的宣传语句；

（4）保险产品为分红险、投连险、万能险等新型产品的，须以不小于产品名称字号的黑体字标注收益不确定性；

（5）投保人的如实告知义务，以及违反义务的后果；

（6）保险产品销售区域范围；

（7）其他直接影响消费者利益和购买决策的事项。

网络平台上公布的保险产品相关信息，应由保险公司统一制作和授权发布，并确保信息内容合法、真实、准确、完整。

30. 互联网保险涉及哪三种骗局？

（1）虚假宣传。一些保险业务员为了推销互联网保险产品，对保险产品进行虚假宣传，如网页宣传的保险产品内容与实际签订的保险合同内容不一致，未明确说明免责条款等，最终可能导致消费者无法索赔。

（2）捆绑销售。一些订机票、订酒店的网站通过默认勾选的方式任意捆绑销售互联网保险产品，在未进行任何信息披露的情况下，误导消费者购买，严重侵害消费者的知情权和自主选择权。

（3）高息诱骗。一些不法分子利用老年人不熟悉互联网保险的短板，虚构保险产品和项目，以高额利息回报作为诱饵，或者冒充知名保险机构名义，弄虚作假欺骗老年人，给老年人造成严重的经济损失。

31. 什么是 PPP？

PPP，即政府和社会资本合作，是指政府为增强公共产品和服务供给能力、提高供给效率，通过特许经营、购买服务、股权合作等方式，与社会资本建立的利益共享、风险分担及长期合作关系。开展政府和社会资本合作，有利于创新投融资机制，拓宽社会资本投资渠道，增强经济增长内生动力；有利于推动各类资本相互融合、优势互补，促进投资主体多元化，发展混合所有制经济；有利于理顺政府与市场关系，加快政府职能转变，充分发挥市场配置资源的决定性作用。

32. PPP 的项目范围及合作模式有哪些？

PPP 模式主要适用于政府负有提供责任又适宜市场化运作

的公共服务、基础设施类项目。燃气、供电、供水、供热、污水及垃圾处理等市政设施，公路、铁路、机场、城市轨道交通等交通设施，医疗、旅游、教育培训、健康养老等公共服务项目，以及水利、资源环境和生态保护等项目均可推行 PPP 模式。各地的新建市政工程以及新型城镇化试点项目，应优先考虑采用 PPP 模式建设。

PPP 操作模式有以下几种选择：

（1）经营性项目。对于具有明确的收费基础，并且经营收费能够完全覆盖投资成本的项目，可通过政府授予特许经营权，采用建设—运营—移交（BOT）、建设—拥有—运营—移交（BOOT）等模式推进。要依法放开相关项目的建设、运营市场，积极推动自然垄断行业逐步实行特许经营。

（2）准经营性项目。对于经营收费不足以覆盖投资成本、需政府补贴部分资金或资源的项目，可通过政府授予特许经营权附加部分补贴或直接投资参股等措施，采用建设—运营—移交（BOT）、建设—拥有—运营（BOO）等模式推进。要建立投资、补贴与价格的协同机制，为投资者获得合理回报积极创造条件。

（3）非经营性项目。对于缺乏“使用者付费”基础、主要依靠“政府付费”回收投资成本的项目，可通过政府购买服务，采用建设—拥有—运营（BOO）、委托运营等市场化模式推进。要合理确定购买内容，把有限的资金用在刀刃上，切实提高资金使用效益。

33. 如何防范 PPP 骗局?

PPP 是政府和社会资本合作的一种模式，常见于公共基础设施建设领域，如修建公园、高速路、城市轨道交通。这原本是利国利民的好事，但也被骗子盯上，他们设置虚假 PPP 项目诱骗老年人投资。如果有人让你投资 PPP 项目，并且声称有高回报，就要保持高度警惕，要注意以下几点：

（1）所有合法的 PPP 项目按照法律规定都是需要入库的，也就是我们日常所说的信息公开，公众可以通过财政部政府和社会资本合作中心（PPP 中心）官网查询相关项目。

（2）所有 PPP 项目直接对接企业，不会找老百姓个人，如果陌生人以个人名义向你推荐投资 PPP 项目，那肯定就是骗局。

（3）合法的 PPP 项目是国家支持的，所有 PPP 入库项目均不得含有保本、兜底、返息的合同约定，如果有承诺保本、兜底、高额返息等情形的，一定也是骗局。

34. 什么是以房养老?

以房养老是一种新型的养老模式，是指拥有房屋完全产权的老年人将房产抵押给保险公司，老年人继续拥有房屋占有、使用、收益和经保险公司同意的处置权，并按照约定条件领取养老金直至身故；老年人身故后，保险公司获得该房产的处置权，处置所得将优先用于偿付养老保险相关费用。

35. 如何防范以房养老骗局？

以房养老骗局中，骗子常常会混淆理财和以房养老的概念。骗子以高额回报为诱饵，要求老年人将房子以抵押借款的方式来做投资，就是老年人将房子抵押给别人，之后骗子声称可以帮老年人理财，老年人便将抵押款交给骗子，在这个过程中，老年人只要签字即可，全程都是骗子在操控。当然，骗子肯定会说没有任何风险，房子的所有权还是属于老年人，所以老年人未仔细看合同就盲目签字，等房子没了无家可归的时候，才发现自己签订的协议里包括委托骗子全权处理房产的条款。

我们提示广大老年人，如果有陌生人让您投资以房养老理财项目，并且承诺按月高额返利，这肯定是骗局，请不要理睬或者选择直接报警。

温馨贴士

骗子设置的各种骗局轻则让老年人损失几百上千元，重则可能让老年人损失几万、几十万乃至上百万，甚至让老年人家破人亡。经过前面的案例和各种热点问题解答，我们相信老年读者已经对各种骗局有了一定程度的了解，我们再次提示老年读者，要保持清醒头脑，不贪图蝇头小利，不轻信陌生人的许诺，坚信天下没有免费的午餐，平时多学习、多关注新闻、多了解新骗局，加强自己的识别和防范能力。

此外，老年人的子女平时也要多关心老年人的起居生活，就算不住在一起，也要经常打电话或者利用互联网软件与老年人交流，可能你一句不经意的提示就能让老年人免受骗局的侵害。如果老年人已经受骗，子女也不要责备老年人，应当多点耐心来安慰老年人，减轻老年人的精神压力。

图书在版编目 (CIP) 数据

老年人权益保护手册：以案释法版 / 刘凝编著 .
—北京：中国法制出版社，2020.6（2025.11 重印）
（权益保护手册）
ISBN 978-7-5216-0855-7

Ⅰ . ①老…　Ⅱ . ① 刘…　Ⅲ . ①老年人权益保障法－案例
－中国　Ⅳ . ① D922.75

中国版本图书馆 CIP 数据核字（2020）第 024687 号

责任编辑：程　思　熊林林　　封面设计：周黎明

老年人权益保护手册：以案释法版

LAONIANREN QUANYI BAOHU SHOUCE：YI AN SHI FA BAN

编著 / 刘凝

经销 / 新华书店

印刷 / 北京虎彩文化传播有限公司

开本 / 880 毫米 ×1230 毫米　32 开　　印张 / 6　字数 / 125 千

版次 / 2020 年 6 月第 1 版　　2025 年 11 月第 7 次印刷

中国法制出版社出版

书号 ISBN 978-7-5216-0855-7　　定价：28.00 元

北京市西城区西便门西里甲 16 号西便门办公区

邮政编码 100053　　传真：010-63141852

网址：http://www.zgfzs.com　　**编辑部电话：010-63141805**

市场营销部电话：010-63141612　　**总编室电话：010-63141606**

（如有印装质量问题，请与本社总编室联系。）